新曲綫 New Curves | 用心雕刻每一本……

http://site.douban.com/110283/
http://weibo.com/nccpub

用心字里行间 雕刻名著经典

从玫瑰到枪炮

——心理学实证研究社会关系

[美]戴维·迈尔斯　琼·特韦奇　著

侯玉波　廖江群　等译

人民邮电出版社

北　京

图书在版编目（CIP）数据

从玫瑰到枪炮：心理学实证研究社会关系 /（美）
戴维·迈尔斯著；侯玉波等译. -- 北京：人民邮电出
版社，2020.6

ISBN 978-7-115-53624-2

Ⅰ. ①从… Ⅱ. ①戴… ②侯… Ⅲ. ①社会心理学—
研究 Ⅳ. ① C912.6-0

中国版本图书馆 CIP 数据核字（2020）第 064860 号

David G. Myers, Jean M. Twenge
Exploring Social Psychology, 8e
ISBN 978-1-259-88088-9

北京市版权局著作权合同登记号：01-2019-3806

从玫瑰到枪炮：心理学实证研究社会关系

◆ 著　　　　［美］戴维·迈尔斯　琼·特韦奇
　译　　　　侯玉波　廖江群 等
　策　　划　刘　力　陆　瑜
　责任编辑　李仙杰　刘冰云
　装帧设计　陶建胜

◆ 人民邮电出版社出版发行　北京市丰台区成寿寺路 11 号
　邮编　100164　电子邮件　315@ptpress.com.cn
　网址　http://www.ptpress.com.cn
　电话（编辑部）010-84931398　（市场部）010-84937152
　三河市少明印务有限公司印刷
　新华书店经销

◆ 开本：880 × 1230　1/32
　印张：9
　字数：166 千字　2020 年 7 月第 1 版　2020 年 7 月第 1 次印刷

定价：58.00 元

本书如有印装质量问题，请与本社联系　电话：(010) 84937152

内容提要

从亚里士多德开始，哲人们不断向我们揭示人是社会性动物。但这种哲学式的指引无助于缓解我们纷繁复杂的现实困惑，在这种情况下，实证取向的社会心理学恰好可以弥补这种不足，为我们刻画出社会性动物的细节。

戴维·迈尔斯和琼·特韦奇的 *Exploring Social Psychology* 以“社会思维”“社会影响”和“社会关系”为主题，清晰地为我们展示了近百年来社会心理科学对上述问题的回答。该书的独到之处在于它打破了传统大部头教科书的编写方法，将每个有趣的主题组织成 10 000 字左右的模块，以符合人们长时注意的习惯时长，获得阅读的“完成感”。为了更加方便读者携带和阅读，我们在保留模块化编写优点的同时，在新版的改编中将 500 多页的原书按上述三个主题拆分为三个小本。

本书《从玫瑰到枪炮：心理学实证研究社会关系》，便来自 *Exploring Social Psychology* 的第四编——“社会关系”，涉及从炽热亲密的浪漫关系到冰冷凶残的种族屠杀在内的社会关系，包括人际吸引、助人、偏见、攻击、冲突与和解等。

全书逻辑严谨、用语清晰、言必有据，与市面上处理这些主题的常见写作手法形成鲜明对比；它或许不能解决您的所有困惑，但不论您是心理学的本科生、研究生、专业从业者还是普通读者，本书都能为您带来惊喜。

丛书序

这是一套私下酝酿已久的丛书。一直以来，我发现心理学教科书普遍存在章节篇幅过长的问题（包括我自己所写的教科书）。很少有人能耐心地一口气读完一章40多页的内容。为什么我们不能将这门学科组织成便于吸收的知识模块呢？比如，组织成40个篇幅为15页左右的章节，而非15个篇幅为40页左右的章节。这样一来，学生就可以一次读完一个模块，每次放下书时都会有一种完成任务的成就感。

因此，当麦格劳-希尔的心理学编辑克里斯·罗杰斯（Chris Rogers）第一次建议我将那本16章共计600多页的《社会心理学》（*Social Psychology*）进行缩写，重新组织成每个篇幅为10页左右的模块时，我欣然接受了。终于有一家出版商愿意打破传统，将学习材料变成符合学生注意广度的形式，将概念和研究成果以较小的单元来呈现。同时，我们也希望不要加重学生吸收新信息的负担，因此保持了“探索社会心理学”（*Exploring Social Psychology*）这套丛书的小巧与经济，我们希望老师们能补充其他的阅读内容。

从每一个模块吸引眼球的标题可以看出，我与我的新合著者琼·特韦奇打破了传统，以散文随笔的形式来介绍社会心理学。每一个模块的写作都遵循着梭罗的自由主义精神：“任何有生命力的东西都能用通俗的语言轻松自然地表达出来。”不论是撰写《社会心理学》还是这套丛书，我们的基调一直都是：既有坚实的科学基础，又有温暖的人文关怀；既有事实的严谨，又有智力上的挑战。我们希望能像新闻调查记者一样来揭示社会心理现象，为重要的社会现象提供最新的阐释，展现社会心理学家如何揭示和解释这些现象，同时反映出现象背后的人文价值。

在素材的选择上，我们突出了社会心理学中关于我们如何思维、如何相互影响和如何彼此联系的科学研究。同时，我们也强调那些来自人文学科知识传统的社会心理素材。通过传授文学、哲学、科学等学科，通识教育试图拓展人们的思维和意识，将人从现实的禁锢中解放出来。社会心理学能为实现这些目标做出自己的贡献。许多学习社会心理学的大学生不一定主修心理学，他们中的大部分人会进入其他行业。我们通过探索与人类生活息息相关的主题，诸如信念与错觉、独立与互依、爱与恨等，旨在让所有人都能从社会心理学中得到启发和激励。

致　谢

我们要感谢在过去 12 个版本的《社会心理学》的出版过程中给予指导和批评的学者们。有了这些热心的同事和同仁给予的意见（书中将分别致谢），我们得以创作出远好于闭门造车之作。

我不仅要感谢克里斯·罗杰斯的锐意创新，也感谢品牌经理杰米·拉夫雷拉（Jamie Laferrera）、编辑统筹贾丝明·斯塔顿（Jasmine Staton）、策划编辑拉希米·拉杰什（Reshmi Rajeesh）和艾琳·君德斯贝格（Erin Guendelsberger）以及整个 ansrsource 开发团队在修订过程中给予我们的支持。

霍普学院的凯瑟琳·布朗森（Kathryn Brownson）帮助我把《社会心理学》（第 12 版）的内容整理成各个模块，并为制作做好准备。她的领导和编辑才能为本书增光添彩，也减轻了我们的任务。

最后，我们要感谢两个重要的人。一位是麦格劳 - 希尔的尼尔森·布莱克（Nelson Black），没有他的邀请，我就不会拿起笔来创作教科书。另一位是诗人杰克·里德尔（Jack Ridl），他是我在霍普学院的同事和写作指导，帮助我润色了文字。

对所有来自各界的大力支持，我们都心存感激。与他们共事对我们来说是一种莫大的激励，这真是一段令人愉快的经历。

戴维·迈尔斯

琼·特韦奇

作者简介

戴维·迈尔斯，1942年生，美国密歇根霍普学院（Hope College）心理学教授，是知名的心理学家。迈尔斯著述颇丰，已出版17部著作，包括经典畅销教科书《心理学》《社会心理学》《社会心理学纲要》等。迈尔斯在30多种学术期刊上发表过论文，包括《科学》《美国科学家》《美国心理学家》和《心理科学》等。

他还致力于把心理学知识介绍给普通读者，在近50种科学杂志上撰写专栏，包括《今日教育》和《科学美国人》等。由于迈尔斯在研究和写作上的突出贡献，他曾获得众多奖项，包括美国心理学协会的“高尔顿·奥尔波特”奖、美国脑和行为联合会的“杰出科学家”奖、美国人格及社会心理学分会的杰出服务奖以及2011年美国科学院的总统奖，等等。

琼·特韦奇，在芝加哥大学获得学士和硕士学位，在密歇根大学获得博士学位，在凯斯西储大学完成了社会心理学的博士后研究。现在是美国圣迭戈州立大学的心理学教授，已发表120余篇科学论文，主题涉及代际差异、文化变迁、社会排斥、性别角色、自尊以及自恋等。她的研究曾被《时代》《纽约时报》《今日美国》和《华盛顿邮报》等报道过。她在多个网站和杂志上为普通读者撰写文章，其中《大西洋月刊》上的一篇文章获得了全美杂志奖的提名。她经常向大学教职工、军人、夏令营负责人和企业高管讲授代际差异问题。

译者简介

侯玉波，北京大学心理与认知科学学院副教授，北京大学人格与社会心理学研究中心及北京大学－香港青年协会青少年发展研究中心常务副主任兼秘书长。研究领域涉及人格与社会心理学、文化心理学和网络心理学。主要研究中国人辩证思维和批判性思维的结构、中国传统文化对中国人社会适应的影响以及君子人格等问题。在国内外著名学术期刊上发表学术论文 80 多篇。中华人民共和国全国标准化委员会委员，中国心理学会监事，人格分会会长，中国社会心理学会常务理事，北京心理学会常务理事，中宣部舆情调研专家组成员。

廖江群，清华大学心理学系副教授，博士生导师。2008 年于北京大学心理学系获心理学博士学位。研究方向为社会心理学及其在经济管理领域的应用，研究兴趣在于稀缺、决策与判断、消费者行为、社会认知、具身认知、亲社会行为等。先后兼任北京市社会心理学会理事兼副秘书长、中国社会心理学会应用社会心理学专业委员会委员、中国心理学会员工促进工作委员会委员、科技人力资源专业委员会委员。

目　录

从玫瑰到枪炮

序

没有人是一座孤岛。社会心理学除了探究社会思维和社会影响外，还致力于探究社会关系，即我们如何与人相处。我们对待他人的情感和行为有时是消极的，有时是积极的。

在关于偏见、攻击和冲突的模块中，我们将探讨人际关系中不悦和阴暗的一面：为什么人们会互相讨厌甚至彼此瞧不起？为何以及在何种情况下人们会彼此伤害？

之后，在冲突解决、喜欢、爱和帮助等模块中，我们将讨论人际关系中更加愉悦和阳光的一面：怎样才能公正和友善地化解社会冲突？为什么我们会喜欢或爱上某人？我们在何种情况下会为他人提供帮助？

1

偏见的影响范围

偏见以多种形式显现，除了种族、性别和性取向偏见，还包括：

- 肥胖。肥胖并不好受。一项对 220 万条含有“胖”或“肥”字样的社交媒体帖子的分析显示，这些帖子中充斥着羞辱和激烈的言辞——侮辱、批评和贬损的笑话[1*]。在寻求爱情或工作时，超重者，尤其是超重的白人妇女，前途黯淡。超重者结婚的更少，获得的工作不太理想，收入也更低[2]。例如，他们很少（相对于他们在普通人群中的人数）成为大公司

* 此阿拉伯数字为本章参考文献顺序号，可根据该顺序号到附录的“参考文献索引”中查找相应的作者名和出版年，再登录 http://box.ptpress.com.cn/y/53624 或于附录的“参考文献”相应处扫二维码下载查阅。

的 CEO 或者当选公职[3]。事实上，体重歧视超过了种族或性别歧视，它表现在职业的每一个阶段中——雇用、分工、晋升、薪酬、奖惩和解雇[4]。

- 年龄。人们对老年人的印象通常是和蔼可亲但脆弱、缺乏能力，并且效率低下。这导致他们倾向于像对待孩子那样居高临下地对待老年人，比如用娃娃腔和老年人说话，这会使老年人的胜任感和行动能力下降[5]。
- 移民。越来越多的研究文献表明，德国人对土耳其人、法国人对北非人、英国人对西印度人和巴基斯坦人、美国人对拉美移民存在反移民偏见[6]。我们将看到，导致种族偏见和性别偏见的因素同样会导致对移民的偏见[7]。

偏见的界定

偏见、刻板印象、歧视、种族歧视、性别歧视——这些术语经常重叠。让我们来澄清这些概念。

上述的各种情况，正好都涉及了对某些群体的负面评价。这正是**偏见**（prejudice）的本质：对一个群体及其个体成员的一种先入为主的负面判断。

偏见是一种态度。它是情感、行为倾向和信念的结合物。一个心存偏见的人，可能不喜欢那些与自己不同的人，行为方式是歧视性的，并认为那些人无知而危险。

负面评价是偏见的标志，它经常源自被称为**刻板印象**（stereotype）的负性信念。刻板印象是一种概括性的看法。为了简化世界，我们概括出：英国人保守，美国人开朗，教授往往心不在焉，老年人身体虚弱。

这样的概括或多或少是真实的（而且并不总是负面的）。贾西姆等人[8]指出，“刻板印象可能是正面的，也可能是负面的。”人们可能会把有非洲血统的人刻板地看作优秀的运动员，而把亚洲人看作成就卓越的科学家[9]。这种刻板印象通常来自我们对人们职业角色的观察[10]。刻板印象可能准确，也可能不准确。人们认为澳大利亚人的文化比英国人的更加粗犷——澳大利亚人在数百万条的脸书帖子中确实使用了更多的脏话[11]。准确的刻板印象甚至是我们所期望的。我们称其为“差异敏感性”或“多元世界中的文化觉知”。形成英国人比墨西哥人更关心守时的刻板印象，就是为了理解在每一种文化下该期望什么以及该如何与人相处。贾西姆[12]指出，刻板印象的“准确远多于偏差，（人们评价他人的）社会知觉之杯大约装满 90% 了”。

当刻板印象过度概括或明显错误时，刻板印象的这 10% 就会出问题，比如自由派和保守派均高估了对方观点的极端性[13]。假定美国享受福利的人大多数是非裔美国人就是过度概括，因为事实并非如此。正如某项德国研究所显示的，认为单身的人比有伴侣的人尽责性更低且更加神经质是错误的，因为事实并非如此[14]。又如另一项针对俄勒冈州人的研究认为残疾人缺乏能力和性欲，这也是对事实的歪曲[15]。将肥胖者污蔑为迟钝、懒惰和自我约束性差也是不准确的[16]。认为牧师都是恋童癖，福音派憎恨同性恋，都是从极端个案做出的过度概括。

偏见是一种负面态度；**歧视**（discrimination）是一种负面行为。歧视行为往往源于带有偏见的态度[17]。这一点在一项研究中体现得很明显。研究者向洛杉矶地区 1 115 套空公寓的房东发去了措辞完全一致的电子邮件。署名为“帕特里克·麦克杜格尔”的邮件收到有房回复的概率为 89%，署名“赛义德·拉赫曼”的概率为 66%，署名“泰雷尔·杰克逊”的概率为 56%[18]。其他人也做了很多类似的研究。4 859 位美国州议员在 2008 年大选前夕收到了询问该如何登记投票的电子邮件，结果“杰克·穆勒”比“德肖恩·杰克逊”收到了更多的回信，但他从少数族裔议员那里获得的回信要少一些[19]。同样，与收到自己种族的某个人（例如特拉维夫的约阿夫·马若姆）错发的邮件相比，以色列犹太学生在收到有阿拉伯人名和地名（例如阿什杜德的穆罕默德·尤尼斯）的错发邮件时，回信提醒对方的可能性更小[20]。

不过，态度和行为常常只是松散地联结在一起。偏见性的态度并不一定滋生出敌意行为，同样，并非所有的压迫都源于偏见。**种族歧视**（racism）和**性别歧视**（sexism）是制度性的歧视举动，即使在没有偏见意图的时候也是如此。种族歧视的人可能不是种族主义者，性别歧视的人也可能不是性别主义者。在一家全部为白人的公司里，假如口口相传的招聘做法确实排除了潜在的非白人雇员，那么，即使雇主并无歧视之意，但这一惯例也可以称为种族歧视。许多歧视反映的并不是有意的伤害，而只是对与自身相似之人的偏爱[21]。

考虑如下情形：当以男性为主的职业在其招聘广告中使用与男性刻板印象有关的关键词（“我们是这个领域占主导地位的工程公司，寻找能在竞争性环境中工作的人”），而以女性为主的职业在其招聘广告中使用的关键词则刚好相反（“我们寻找对客户需求敏感、可以建立友好客户关系的人”），其结果可能是制度性的性别歧视。即使并无有意的偏见，性别化的措辞仍为性别不平等提供了生存土壤[22]。

By permission Dave Coverly and Creators Syndicate, Inc.

偏见：内隐偏见与外显偏见

偏见说明我们具有双重态度系统。数百项利用内隐联想测验（IAT）的研究表明，我们对同一个目标可以拥有不同的外显（有意识的）态度和内隐（自动的）态度[23]。该测验已经进行了超过1 600万次，它评估人们的“内隐认知”——你知道的你不知道自己知道的内容。这个测验主要是测量人们联想的速度。正如我们从“锤子”联想到“钉子”要快于从“锤子”联想到“木桶”，这个测验可以测量出我们从“白人”联想到“好”比从“黑人”联想到“好”要快多少。因此，人们可能从童年起就对他们现在表示尊敬和钦佩的人怀有一种习惯性的、自动的恐惧或厌恶。尽管外显的态度通过教育可能会发生巨大变化，但内隐态度会持续存在，只有当我们通过练习形成新的习惯时才会改变[24]。

威斯康星大学、耶鲁大学、哈佛大学、印第安纳大学、科罗拉多大学、华盛顿大学、弗吉尼亚大学和纽约大学的研究者开展的大量实验，一致指向近年社会心理学的一个大教训：偏见性和刻板性的评价可以发生在人们的意识之外。其中一些研究通过快速闪现文字或者面孔来“启动”（自动激活）对某些种族、性别、年龄群体的刻板印象。在参与者没有觉察的情况下，这种被激活的刻板印象可能会让后续的行为产生偏差。比如，参与者被有关非洲裔美国人的图像启动后，可能对研究者（故意的）恼人要求产生更具敌意的回应。

批评者指出，内隐联想测验在评估和描述个体时缺乏效度[25]。

该测验更适用于实验研究，例如某些研究表明内隐偏见可以预测行为，范围从友好行为到工作评价。在2008年的美国总统大选中，无论是内隐偏见还是外显偏见都预测选民会支持奥巴马，而他的当选又反过来导致内隐偏见和外显偏见都有所减少[26]。

请牢记有意识的外显偏见和无意识的内隐偏见之间的区别。接下来让我们了解一下两种常见的偏见形式：种族偏见和性别偏见。

种族偏见

在全世界范围内，每个种族都是少数群体。例如，非西班牙裔白人仅占全世界人口的1/5，不到半个世纪之后，该比例将会变成1/8。由于过去两个世纪的迁徙和移民，世界各民族现在互相融合，有时彼此敌对，有时又友好相处。

对一位分子生物学家而言，肤色只是一个微不足道的人类特征，它受种族之间微小的基因差异控制。而且，大自然并没有对种族进行界限分明的分类。将奥巴马标定为“黑人”的是我们人类而非自然界，尽管他的母亲是白人。

种族偏见正在消失吗

一方面是感受到无所不在的顽固偏见，另一方面是认为自己没有什么偏见，到底哪种认识正确？种族偏见正在成为历史吗？

外显的偏见态度可以非常迅速地发生改变。

- 1942年，大部分美国人赞同“应该在公共汽车和电车上为黑人设置隔离区”[27]。事到如今，这样的问题会显得稀奇古怪，因为如此明目张胆的偏见差不多已经销声匿迹了。
- 1942年，不到1/3的白人（南部只有1/50）支持学校合并；到1980年，支持这一立场的占到90%。
- 1987年，48%的美国人同意“黑人和白人可以约会”，而2012年这一比例是86%[28]。1958年，只有4%的美国人认可“黑人与白人之间的婚姻”，而2013年这一比例达到了87%[29]。

考虑到自1942年以来，甚至自奴隶制实行以来的岁月不过是历史长河中的瞬间，这种变化确实是天翻地覆的。在英国，公开的种族偏见也骤然减少，如反对跨种族婚姻和反对少数族裔担任领导的人数急剧下降，特别是在年轻人中[30]。

自20世纪40年代以来，非洲裔美国人的态度也发生了变化，当时克拉克等人[31]发现，许多非洲裔美国人持有反黑人的偏见。美国最高法院在1954年做出了历史性的决定，宣布隔离学校违背宪法。法院当时发现了一个值得注意的事实——当非洲裔美国儿童有机会在黑人玩偶和白人玩偶之间做出选择时，多数人选择的是白人玩偶。在20世纪50—70年代所进行的研究中，黑人儿童喜欢黑人玩偶的可能性一直在增加。同时，成年黑人开始认为在诸如智力、懒惰和可靠等特质方面，黑人与白人是相似的[32]。不过，即使到了21世纪，一所多种族学校里的南非黑人儿童，在看到孩子的照片并被要求指出他们喜欢谁的时候，也表现出了

虽然偏见依然在社会中存在，但是跨种族婚姻的比例已经在大多数国家中上升了，现在77%的美国人赞成“黑人和白人之间的婚姻”，与1958年只有4%的支持者相比，赞成人数大幅增长[33]。18到29岁的年轻人中，赞成者占88%[34]。2008年，七分之一的美国夫妻是跨种族的，这一比例是1960年的6倍[35]。

对白人孩子的偏爱[36]。

微妙的种族偏见

尽管仇恨挥之不去，但当今世界更大的问题不是公开的、有意识的偏见。大多数人支持种族平等，反对歧视。然而，在参加内隐联想测试的人中，有 3/4 的人表现出无意识的白人偏好[37]。现代的偏见往往也以微妙的方式呈现，比如我们更喜欢熟悉的、相似的和感觉舒服的人或事[38]。微妙的偏见可能被表达为“微攻击”，比如与种族有关的警察路检，或者乘坐公共汽车或火车时不愿意坐在其他种族的人旁边[39]。

当偏见态度和歧视行为可以隐身于某些其他动机之后时，它们就会浮出水面。在法国、英国、德国、意大利以及荷兰，微妙的偏见（夸大种族差异、对少数族裔移民不那么尊重和有好感，以臆测的非种族理由拒绝他们）替代了公开的偏见[40]。

我们也可以在行为中发现偏见：

- 为了考察劳动力市场上可能存在的歧视，美国麻省理工学院的研究者向 1 300 条不同的招聘广告投递了 5 000 份简历[41]。研究者给求职者随机分配了白人名字（如埃米莉、格雷格）和黑人名字（如拉吉莎、贾马尔）。结果发现，白人署名的求职者每投递 10 份简历就收到一封回信；而署名为黑人名字的求职者每投递 15 份简历才会收到一封回信。
- 在其他的实验中，研究者向奥地利的 613 个文员职位提交了配对的虚构女性简历，向 1 714 个希腊雅典和 1 769 个美国的空缺岗位提交了配对的男性简历[42]。通过随机分配，每对求职者中有一位承认自己在同性恋组织中做志愿者。结果，这些求职者收到的回复更少。例如，在美国的实验中，活动涉及“财务主管，同性恋联盟”的求职者收到回复的比例只有 7.2%，而与左翼团体（“财务主管，进步与社会主义联盟”）有联系的求职者收到回复的比例也只有 11.5%。

现代偏见甚至表现为种族敏感性，它导致人们对被隔离的少数族裔人士反应过度——包括对他们的成功赞扬过度，对他们的过失批评过度，以及只提醒白人学生而不提醒黑人学生学术方面可能存在的问题[43]。

它同时也表现为某种怜悯姿态。例如，肯特·哈伯[44]将一篇写得很糟糕的文章给斯坦福大学的白人大学生，请他们进行评价。相对于被引导认为作者是白人的情形而言，当大学生认为这篇文章的作者是黑人时，评定的分数相对更高，也很少给出严厉的批评。这些评定者或许是为了避免表现出偏见，采用不那么严厉的标准更宽容地对待黑人作者。哈伯指出，这种“赞扬过度和批评不足”，可能会阻碍少数族裔学生取得好成就。在后续的研究中，哈伯及其同事[45]发现，白人学生因担心表现出偏见，不仅对黑人学生写的差文章给出更高的评分和评价，而且也更少建议作者提升写作技能。为了维护无偏见的自我形象，他们会尽量给出积极的、没有挑战性的反馈。

自动的种族偏见

自动（内隐的）偏见也像外显偏见一样有重大影响吗？批评者指出，潜意识的联想可能只是表明了文化上的假设，也许并不包括与偏见有关的负面感受和行为。或者人们的第一反应与熟悉程度有关，或与实际的种族差异有关[46]。但一些研究发现，内隐偏见会渗透到行为中。想想那些在内隐联想测验中表现出内隐偏见的人，当他们受到黑人面孔而非白人面孔的启动时，需要用更长的时间来把诸如“和平”“天堂”这样的正性词语认定为“好的”。研究还发现，他们对白人求职者的评价更积极，更多地推荐急诊室的白人病人接受更好的治疗：

- 一项对 287 名医生的调查表明，那些表现出最多的内隐种族偏见的医生最不愿为那些主诉为胸痛的黑人患者开溶栓类药品[47]。
- 在一项瑞典的研究中，针对反阿拉伯穆斯林的内隐偏见测量预测出 193 家企业的雇主不面试穆斯林名字的求职者的可能性[48]。

在一些情境中，自动的内隐偏见会影响一个人的生死。科雷尔等人[49]与格林沃尔德等人[50]在他们各自的实验中，邀请人们快速按按钮，“射击”或者“不射击”那些在屏幕上突然出现的人，这些人或者手握枪械，或者手持诸如闪光灯或瓶子之类的无害物品。参与者（其中一个研究中既有黑人也有白人）更容易误击黑人目标。后续的计算机模拟显示，黑人男性嫌疑人（而不是女性，无论是黑人还是白人）更有可能让人联想到威胁，并被参与者射击[51]。

其他研究发现，当用黑人而非白人面孔启动时，人们想到的是枪：他们更快辨认出枪或更多地将扳手之类的工具误认为是枪[52]。即使种族没有使感知产生偏差，也可能让反应发生偏差——因为人们在开枪前需要的证据更少[53]。美国司法部对费城 59 起警察射杀手无寸铁的嫌疑人（比如在伸手拿手机时）的案件进行

自动偏见：当乔舒亚·科雷尔和他的同事邀请人们对手持枪支或无害物体的人迅速做出反应时，发现种族会影响人们的知觉和反应。

了分析，发现黑人警察和白人警察射杀的受害者中，黑人嫌疑人是白人嫌疑人的两倍多[54]。当人们感到疲惫或者在一个危险的世界中感受到威胁时，他们更可能错误射杀少数族裔人士[55]。这些研究有助于解释为什么阿马都·戴罗（纽约市的一名黑人移民）被警察开枪射击了41次，就因为他把钱包从口袋中拿出来。

格林沃尔德和舒[56]指出，即使是那些研究偏见的社会科学家似乎也容易陷入自动偏见。他们选定了一些非犹太人姓名（埃里克森、麦克布赖德等）和犹太人姓名（戈尔茨坦、西格尔等），分析这些人的社会科学文章中引文的偏见。他们分析了近30 000条引文，其中包括17 000条关于偏见研究的引文，发现了一些值得注意的结果：与犹太作者相比，非犹太作者引用非犹太姓名的概率要高出40%。（格林沃尔德和舒不能确定是犹太作者过度引用他们的犹太同行的文章，还是非犹太作者过度引用非犹太同行的文章，或者两者兼而有之。）

性别偏见

对女性的偏见有多普遍？性别角色规范是人们对于男性和女性应该如何行事的看法。这里我们关注性别刻板印象，即人们有关女性和男性事实上如何行事的观念。规范带有约定性质，而刻板印象则是描述性的。

性别刻板印象

在有关刻板印象的研究中，有两个结论是毫无疑义的：存在很强的性别刻板印象，并且正如常常发生的那样，被刻板化群体的成员也接受这种刻板印象。男性和女性会一致认为你可以根据书的“封面性别”来判断一本书。在一项调查中，杰克曼和森特[57]发现性别刻板印象比种族刻板印象还要强。例如，认为两性同样“情绪化”的男性只有 22%；其余的 78% 的男性中，认为女性比男性更情绪化的人数远远多于认为男性更情绪化的人数，其比例是 15:1。那么女性如何看待这个问题呢？她们的答案是一样的，差异不超过 1 个百分点。盖洛普的一项调查也得出了类似的结论，90% 的美国人认为女性更情绪化[58]。

要记住，刻板印象是对一群人的概括，它们可能正确，也可能错误，或者核心是正确的，但是概括过度了。平均来说，男性和女性在社会联结、同理心、社会权力、攻击性和性爱主动性（然而并不包括智力）等方面确实存在某些差异。那么我们能否据此得出性别刻板印象准确的结论呢？刻板印象有时会夸大差异，但据珍妮特·斯温[59]的观察，并非总是如此。她发现宾州州立大学的学生有关男性和女性在多动性、非言语敏感性、攻击性等方面的刻板印象与真实的性别差异比较接近。

性别刻板印象在不同时期和不同文化中普遍存在。综合考察了27个国家的数据之后，约翰·威廉斯和他的同事[60]发现，每个地方的人都认为女性更随和，而男性则更外向。性别刻板印象的持续性和普遍性，使得一些进化心理学家相信性别刻板印象反映了天生、稳定的本质特性[61]。

刻板印象（信念）并不是偏见（态度）。刻板印象可能为偏见提供支持。不过，人们可能会不带偏见地相信男性和女性“虽有差异但彼此平等”。因此，让我们来看看研究者如何探讨性别偏见。

性别态度：善意的与敌意的

根据人们对调查研究者的回答，对女性的态度也像种族态度一样，变化得非常快。如图1-1所示，愿意为女性总统候选人投票的美国人比例，已与不断上升的愿意为黑人总统候选人投票的美国人比例不相上下。1967年，56%的美国大学一年级学生赞同“已婚女性的活动最好限定在家庭中”；到2002年，赞同该观点的人只有22%[62]。此后，这类问题似乎就不值得再问了。

伊格利等人[63]和哈多克等人[64]也报告说，人们不会像对待某些群体那样，带着本能的负面情绪对女性做出反应。大部分人更喜欢女性而非男性。他们感觉女性更善解人意、和蔼、乐于助人。

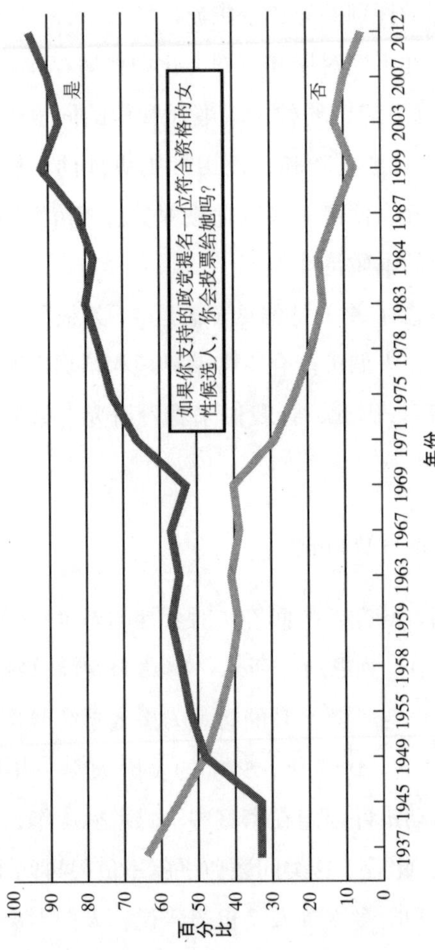

图1-1　1958—2012年性别态度的变化。

资料来源：Gallup Polls.

伊格利[65]为这种赞许性的刻板印象起名为“女性优秀效应”。

不过，性别态度往往是好恶相伴的，这是格利克、菲斯克和他们的同事[66]报告的结论，他们调查了19个国家的15 000人。人们常常将善意的性别态度（“女性的道德敏感性更高”）和敌意的性别态度（“一旦男性作出承诺，那么她就会牢牢束缚他”）混合在一起。

格利克和菲斯克对“敌意的”性别歧视与“善意的”性别态度的区分，也扩展到其他形式的偏见。我们把某个群体视为有能力的或讨人喜欢的，但是通常不会两者兼而有之。这两种具有文化普遍性的社会知觉维度——有能力的和讨人喜欢的（热心）——可以用一句评价欧洲人的话来说明：“德国人爱意大利人，但并不敬仰他们。意大利人敬仰德国人，但并不爱他们。”[67]通常，我们尊重那些地位高的人的能力，喜欢那些能欣然接受较低地位的人。根据情况的不同，我们会试图用自己的能力或热心来给别人留下印象。当人们想要表现得有能力时，往往会淡化自己的热心。当人们想要表现得热心和讨人喜欢时，他们会隐藏自己的能力[68]。

性别歧视

作为男性也不是万事如意。男性自杀或被谋杀的概率是女性的3倍。几乎所有战场和刑场上的死者都是男性。他们的平均寿命比女性少了5年。大多数智力障碍或孤独症患者都是男性，接受特殊教育项目的学生亦是如此[69]。

性别偏见在西方国家是否正在迅速消失？女权运动是否即

将完成其使命？与种族偏见一样，公开的、堂而皇之的性别偏见已然消亡了，但微妙的偏见依然存在。

违反性别刻板印象会引起人们的反应。人们会特别注意抽雪茄的女人和泪流满面的男人，会去贬低一个白人说唱歌手[70]。渴望权力的女人比同样渴望权力的男人更容易受到选民的反对[71]。

在西方国家之外的世界，性别歧视并不微妙。女性20%的文盲率几乎是男性的两倍[72]。在世界范围内，大约30%的女性经历过亲密伴侣的暴力[73]。在那些内隐地将女性与动物或物体联系起来而将女性物化的男性中，这种暴力倾向特别可能出现[74]。

但是，对女性最大的暴力发生在产前。在世界各地，人们都倾向于生男孩。1941年，美国有38%的准父母说如果只养一个孩子的话，他们喜欢要男孩；24%的人喜欢要女孩；23%的人说他们无所谓。到了2011年，答案几乎没有变化，仍然有40%的人喜欢要男孩[75]。随着人们广泛采用超声技术来检测胎儿的性别，以及堕胎变得越来越容易，在一些国家，这些偏好正在影响男孩和女孩的比例。在印度，这个比例是100比112[76]。

来自谷歌搜索的汇总数据显示，父母对孩子的期望也与性别有关[77]。许多父母都渴望有聪明的儿子和苗条漂亮的女儿。

总的来说，对有色人种和女性的公然偏见已远不如20世纪中叶时那样普遍。然而，采用对微妙偏见敏感的测量技术依然能检测到广泛存在的偏见。在世界上的某些地方，性别偏见造成了很多悲剧。

同性恋偏见

世界上的大多数同性恋者都不能轻松地说出他们是谁，他们爱谁[78]。在许多国家，同性恋是一种犯罪行为，但不同文化间差异很大。在西班牙，只有6%的人认为“同性恋在道德上是不可接受的”，而在加纳，这一比例高达98%[79]。

在西方国家，反同性恋的偏见虽然在迅速减少，但仍然存在：

- 对同性婚姻的支持并不一致，但比例在上升。在过去的20年里，西方国家中对同性婚姻的支持大幅上升。以美国为例，支持同性婚姻的比例从1996年的27%上升到2015年的60%[80]。但不同代际间差异很大，在18~29岁的受访者中，78%的人支持同性婚姻，但在65岁以上的人中，只有42%的人支持[81]。
- 骚扰给人造成伤害。在美国的一项全国学校氛围调查中，10个同性恋青少年中有8个报告上一年度遭到了性骚扰[82]。近6成的美国同性恋成年人报告自己曾经“受到诋毁或取笑”，3成的人报告自己曾“受到威胁或身体攻击”[83]。2/3的英国同性恋青少年报告曾遭到恐同者的霸凌[84]。
- 社会排斥在不断发生。在美国的全国性调查中，40%的同性恋美国人说在他们社区里“以公开的同性恋身份生活”是艰难的[85]。39%的人报告有“朋友或家人”因为他们的性取向或性别认同而排斥他们[86]。

但是，贬低同性恋者的态度和歧视行为真的会造成伤害吗？它们会增加性少数群体（LGBT，即同性恋者、双性恋者及跨性别者）患上身体疾病和心理障碍的风险吗？请看下面哈岑布勒对美国研究的总结[87]：

- 各州的政策能预测同性恋者的健康状况和幸福感。在没有同性恋仇恨罪和反歧视保护的州，LGBT 人群的情绪障碍发生率要高得多，即使在控制了其他因素之后也是如此。
- 社区的态度也能预测 LGBT 人群的健康状况。在反同性恋偏见普遍存在的社区，同性恋者自杀和死于心血管疾病的概率也高。此外，遭受歧视的同性恋者出现抑郁和焦虑的风险增高[88]。
- 一项准实验研究证实同性恋污名是有害的。2001—2005 年，美国有 16 个州禁止同性婚姻。在那些州，同性恋者（而非异性恋者）情绪障碍的患病率上升了 37%，发生酒精使用障碍的比率上升了 42%，而广泛性焦虑障碍的患病率更是增加了 2.48 倍。在其他州，同性恋者在精神障碍的患病率上没有这样的增长。

2

偏见的根源

偏见来源于几个方面。它可能源于社会地位的差异，人们想证明这些差异是正当的，并且愿意维持这些差异。偏见也可能是我们从小习得的，我们在被父母社会化的过程中，了解到他们认为人与人之间的哪些差异是重要的。最后，我们的社会制度可能起到了维持和支持偏见的作用。我们先来考虑偏见如何维护一个人的社会地位。

偏见的社会根源

要记住一条原则：不平等的社会地位滋生偏见。奴隶主们认为奴隶懒惰、不负责任、缺乏抱负，即他们恰恰拥有那些证明奴隶制合理的特质。历史学家在争论到底是什么力量造成了不平等的社会地位。不过，一旦这些不平等业已存在，偏见就会帮助那些有钱有势的人合理化他们在经济和社会方面的特权。告诉我们两个群体之间的经济关系，我们便可以预测群体之间的态度。与穷人相比，上层社会的人更可能把他们的财富视为自身奋斗的结果，是靠技能和努力挣来的，而不是靠关系、金钱或好运[1]。

历史上这样的例子比比皆是。在实行奴隶制的地方，偏见非常严重。19世纪的政治家将被剥削的殖民地人民描述为“劣等的”“需要保护的”和一种需要承受的“负担”，从而证明帝国扩张是正当的[2]。社会学家海伦·迈耶·哈克[3]指出，对黑人和女性的刻板印象助长了对双方劣势地位的合理化：许多人认为这两个群体智力低下、情绪化、未开化，对他们的从属角色“心安理得”。黑人是“劣等的”，女性则是“软弱的”。黑人的位置没有问题，女性的位置则是在家中。

特蕾莎·韦肖及其同事[4]检验了上述推理。他们发现，那些对女性下属有着刻板印象的强势男性给她们很多赞赏，但提供的资源相对较少，因而损害了她们的工作绩效。这种居高临下的态度使男性得以保住自己的权力地位。在实验室的情境中，这种对女性看似善意的歧视（暗示女性是弱者，并且需要帮助）通过灌输一些侵入性想法，如自我怀疑、成见、降低自尊，使得女性的认知表现变差了[5]。

社会化

偏见起源于不平等的地位以及其他社会因素，包括我们习得的价值观和态度。家庭社会化的影响会体现在儿童的偏见中，这往往反映了他们母亲的偏见[6]。甚至儿童的内隐种族态度也反映了父母外显的偏见[7]。我们的家庭和文化向我们传递着各种信息——如何寻找伴侣，如何开车，如何分配家务劳动，以及不相信谁和不喜欢谁。在孩子出生后不久所测量的父母的态度，可以预测 17 年后他们孩子的态度[8]。

权威人格

20 世纪 40 年代，美国加州大学伯克利分校的研究者（其中有两位是从纳粹德国逃出来的）开展了一项紧迫的研究任务：揭示反犹主义的心理根源。纳粹德国的右翼反犹主义影响极为恶劣，导致数百万犹太人被屠杀。在研究美国成人的时候，西奥多·阿多诺及其同事[9]发现，敌视犹太人的人，往往也同时敌视其他少数族裔。有强烈偏见的人，其偏见似乎不只是具体针对某一群体，而是针对那些与自己“不同”的人的一整套思维方式。不仅如此，这些自以为是的**种族中心主义**（ethnocentric）者有一些共同的倾向：不能容忍软弱，具有惩罚性的态度以及服从群体内部的权威者。这些人格倾向，反映在他们赞同诸如“服从和尊敬权威是孩子们应该学习的最重要的品质”之类的陈述上。阿多诺和他的同事们[10]推测，这些倾向界定了容易产生偏见和刻板印象的**权威**

人格（authoritarian personality）。时至今日，不同形式的偏见仍然可能并存：一个人往往同时有反同性恋、反移民、反黑人、反穆斯林和反女性的情绪[11]。

近来关于权威人格的研究发现，权威人格的个体在童年时通常受到了苛刻的管束。不论政治上左翼还是右翼，极端主义都有一些共同的主题，如小题大做、热衷报复、将敌人去人性化以及寻求控制感[12]。此外，左翼和右翼的人都对持有不同价值观和信仰的群体表现出类似的不包容[13]。

关于权威人格的研究还发现，权威人格个体的不安全感，使他们倾向于过度关注权力和地位，容易形成非对即错的僵化思维方式，难以容忍模糊性。因此，这类人倾向于服从那些权力比自己大的人，攻击或者惩罚那些在他们看来地位在自己之下的人[14]。

"我原来喜欢反同性恋者，后来是反墨西哥者，但现在对反穆斯林者我得认真地看看……"

资料来源：Steve Sack, *Star-Tribune*

“不听我的就滚蛋！”感觉自己在道德上高人一等的人往往会残酷地对待在他们看来不如他们的人。

宗教与种族偏见

那些得益于社会不平等的人，在声称“人人生而平等”的同时，还需要为让各种事情维持现状而寻求合理化的辩解。还有什么比相信是上帝规定了现存的社会秩序更有力的理由呢？威廉·詹姆士指出，所有的残酷劣行，“表面的幌子都是秉承上帝的旨意”[15]。

很多国家的领导者都利用宗教来使当前的秩序神圣化。利用宗教来维护不公正有助于解释有关北美基督教的两个相互印证的发现：（1）白人教会成员比非教会成员表现出更多的种族偏见；（2）信奉原教旨主义信仰的人比信奉进步信仰的人表现出更多的偏见[16]。

如果的确是宗教信仰导致了偏见，那么越虔诚的教会成员偏见应该就越深。但另外三个研究一致表明事实并非如此。

- 在教会成员中，与偶尔去教堂的人相比，虔诚的信徒在 26 次对比中有 24 次显示出较少的偏见[17]。
- 奥尔波特和罗斯[18]比较了“内在的”和“外在的”虔诚性。他们发现，相比那些将宗教视为实现其他目的的手段的人（他们会同意这样的陈述：“我对宗教感兴趣，主要是因为做礼拜是件令人愉悦的社会活动”），那些以宗教本身为目的的人（例如，他们会同意这种陈述：“我的宗教信仰真的是我为什么这么生活的理由”）表现出更少的偏见。而且，在盖洛普的“宗教承诺”指数中得分高的人，更欢迎其他种族的人做邻居[19]。

- 新教牧师和罗马天主教牧师比普通人更支持美国的民权运动[20]。1934年，德国已有45%的神职人员与认信教会结盟，该教会是专门为了反对纳粹对德国新教教会的影响而成立的[21]。

那么，宗教与种族偏见之间究竟是什么关系？答案取决于我们如何提问。如果我们将宗教虔诚定义为教会成员或至少在表面上认同传统宗教信仰的意愿，那么越虔诚的人种族偏见越强。顽固分子往往借助宗教将其固执合理化。可是，如果我们以其他几种方式来评价宗教虔诚的程度，那么越虔诚的人则持有越少的偏见——因此现代民权运动具有宗教的根基，该运动的领导者当中有许多基督教牧师和基督教新教牧师。两个世纪前，正是托马斯·克拉克森（Thomas Clarkson）和威廉·威尔伯福斯（William Wilberforce）受信仰启发的价值观（“爱邻如己”），促使他们成功地发起运动，结束了大英帝国的奴隶贸易和奴隶制。正如戈登·奥尔波特所总结的那样：“宗教的作用显得自相矛盾。它制造偏见，同时又消除偏见。”[22]

从　众

偏见一旦形成，在很大程度上就会由于惯性而持久存在。如果偏见被社会所接受，那么许多人将会选择阻力最小的道路，顺从这种潮流。他们的行为与其说是出于憎恨的需要，不如说是出于被人喜欢和接受的需要。因此，当人们知道别人也是如此之后，会变得更容易赞成（或反对）歧视，比如，当他们听到性别歧视的笑话后，对女性的支持就会减少[23]。

20 世纪 50 年代，托马斯·佩蒂格鲁[24]对南非和美国南部的白人进行了研究。他的发现是：那些最遵从其他社会规范的人同时也是最有偏见的人，那些不怎么遵从的人则较少反映出周围人的偏见。

对于阿肯色州小石城的牧师们来说，不从众的代价显然是痛苦的。在该州实施 1954 年美国最高法院关于在学校解除种族隔

“卢克，利用你的白人特权。”

离的决议时，大多数牧师愿意融合，但通常只是私底下这么说，他们害怕公开宣称会使他们失去教会成员和捐助者[25]。

从众同样也维持着性别偏见。“如果我们认为婴儿室和厨房是女性的天然活动范围，”萧伯纳在1891年的一篇文章中写道，“那么我们的所作所为与英国孩子认为笼子是鹦鹉的天然活动范围是完全一样的，因为他们从未在其他地方看到过鹦鹉。”那些在其他地方见过女性的孩子（职业女性的孩子）看待男性和女性的刻板化程度相对要低一些[26]。同样，如果女学生接触过科学、技术、工程和数学（STEM）等领域的女性专家，她们就会对这四个领域的学习抱有更积极的内隐态度，同时在这些课程的测验中表现出更多的努力[27]。

在所有这一切中，蕴含着一种希望。如果偏见并非深深地植根于人格，那么随着潮流的改变和新规范的演进，偏见就会减少。事实的确如此。

偏见的动机根源

偏见中的敌意背后有着各种各样的动机。动机也能使人们避免偏见。

挫折与攻击：替罪羊理论

痛苦和挫折（目标受阻）常常引起敌意。当我们不知道遭遇挫折的原因或者原因令人胆怯时，我们往往会转移我们敌意的方向。这种“替代性攻击”（替罪羊）现象，也助长了美国内战之后南方地区对美国黑人滥施私刑的行为。1882—1930年间，在棉花价格下跌、经济受挫的年份里，滥用私刑的情况更严重[28]。近几十年来，仇视性犯罪似乎并未随着失业率的波动而波动[29]。然而，当生活水平不断提高时，社会民众倾向于对多样性和反歧视法案的通过及实施持更加开放的态度[30]。繁荣时期，民族和睦更容易维护。

这种替代性攻击的目标是变化不定的。德国在第一次世界大战战败之后又出现了经济混乱，许多德国人都把犹太人看成罪魁祸首。早在希特勒掌权之前，一位德国领导人就解释道：“犹太人只不过是方便的替罪羊……如果没有犹太人，反犹分子将不得不创造出目标来。”[31]在更早的几个世纪里，人们曾经把他们的恐惧和敌意发泄到女巫身上，后者有时在公共场合被烧死或溺死。替罪羊为糟糕的事件提供了一个方便的解释[32]。

近年来，那些对“9·11”事件感到更多的是愤怒而不是恐惧的美国人，对移民和中东人表现出更不宽容的态度[33]。随着希腊在21世纪陷入经济困境，希腊人对外国移民的愤怒与日俱增[34]。甚至来自千里之外的群体的威胁，如恐怖主义行为，也会加剧当地的偏见[35]。激情引发偏见。相比之下，那些不会对社会威胁产生负面情绪体验的个体，如患有威廉姆斯综合征的儿童，明显缺乏种族刻板印象和偏见[36]。没有激情，就没有偏见。

竞争是挫折感的一个重要来源，它会助长偏见。当两个群体为工作、住房或社会声望而竞争时，一个群体目标的实现可能会成为另一个群体的挫折。因此，**现实群体冲突理论**（realistic group conflict theory）认为，当群体为稀缺资源而竞争时，就会出现偏见[37]。进化生物学中的高斯定律（Gause's law）指出，具有相同需求的物种之间竞争最为激烈。

看看这样的例子如何在世界各地发生：

- 在西欧，经济受挫的人对少数族裔公然表现出相对较高水平的偏见[38]。
- 从 1975 年开始，加拿大人对移民的抵触随失业率而上下波动[39]。
- 在美国，最担心被移民抢走工作的是那些收入最低的人[40]。
- 在南非，大量非洲移民被暴徒杀害，多达 35 000 人被憎恨经济竞争的南非贫民从棚户区赶走。一名失业的南非人说："这些外国人没有身份证明，没有证件，但他们得到了工作。他们乐意干每天挣 15 兰特（约 2 美元）的工作。"[41] 当利益冲突时，就可能产生偏见。

社会同一性理论：感觉自己比他人优越

人类是一个社会性物种。我们的祖先教会了我们如何在群体中满足和保护自己，从而得以生存。人类为其所在的群体而欢呼，为之而杀戮，为之而献身。进化教会我们在遇到陌生人时迅速做出判断：是朋友还是敌人？我们倾向于立即喜欢上那些来自本群体的人、看起来与我们相似的人，甚至口音听起来相似的人[42]。

不足为奇的是，正如社会心理学家约翰·特纳[43]、迈克尔·霍格[44]以及他们的同事所指出的，我们还用我们的群体来定义自己。自我概念——我们感觉自己是谁——不仅包含个人同一性（我们对自己的个人属性和态度的感受），而且还包含一种**社会同一性**（social identity）[45]。菲奥娜把自己看成一位女性，一名澳大利亚人，一名工党党员，一名新南威尔士大学的学生，一名麦克唐纳家族的成员。我们肩负如此多的社会身份，如同玩纸牌，在最恰当的时候打出各张牌。启动美国学生把自己视为"美国人"，他们会对穆斯林表现出更多的愤怒和不尊重；当启动他们的"学生"身份时，他们转而对警察表现出更强烈的愤怒[46]。

特纳（John Turner, 1947—2011）与英国已故社会心理学家亨利·塔杰菲尔（Henri Tajfel）（这位波兰人在大屠杀中失去了家庭和朋友，之后毕生研究种族仇恨）合作，提出了社会同一性理论。特纳与塔杰菲尔观察到以下现象：

- 我们归类：我们发现将人（包括我们自己）归入各种类别是很有用的。在表述某人的其他事情的时候，给这个人贴上印度人、苏格兰人或公共汽车司机的标签，不失为一种简单有效的方法。
- 我们认同：我们将自己与特定的群体［我们的**内群体**

(ingroups)] 联系起来，并以此获得自尊。

- 我们比较：我们将自己的群体与其他群体 [**外群体**(outgroups)] 进行比较，并且偏爱自己的群体。

从学龄前开始，我们人类就会自然地将其他人分为我们的群体之内和之外的人[47]。我们会部分地依据自己的群体成员身份来评价自己。拥有一种"我们"的感觉能增强我们的自我概念。这种"感觉"好极了。我们不仅在群体中为自己寻求尊重，还在群体中寻求自豪感[48]。而且，认为我们的群体比较优秀，会让我们感觉更好。这就好像我们都在想："我是一名 X（你的群体名称）。X 很优秀。所以，我也很优秀。"

如果缺乏积极的个人同一性，人们往往会通过认同某一群体来获得自尊。因此，很多下层社会的年轻人通过加入帮派来寻找自豪感、权力、安全感和同一性。正如认知失调会激发人们减少这种不协调、不安全感会助长权威主义一样，不确定性也会促使人们寻求社会同一性。当人们认识到"我们"是谁和"他们"是谁的时候，人们的不确定性就会减弱。尤其是在一个混乱或不确定的世界中，作为一个热情的、紧密团结的团体的一员，让人感觉很好；它确认了我们是谁[49]。这部分地解释了极端激进组织的吸引力。

当人们的个人同一性和社会同一性融合到一起——自我与群体的边界变得模糊时——他们会更加愿意为组织而战，甚至为组织牺牲[50]。许多极端的爱国者以他们的国籍来描述自己[51]。很多

图 2–1 个人同一性与社会同一性共同培育自尊。
(Sam Edwards/OJO Images/AGE Fotostock; Digital Vision/PhotoDisc)

迷茫的人投身于新的宗教运动、自助群体或兄弟会，在其活动中找到同一性（图 2-1）。

因为我们的社会同一性，我们服从于我们的群体规范。我们为团体、家庭和国家牺牲自我。我们的社会同一性越重要，我们就越强烈地感受到对群体的归属感；面对来自其他群体的威胁时，我们的反应就越充满偏见[52]。

内群体偏差

“你是谁”的群体定义——如你的种族、宗教、性别、婚姻状况、所学专业——也意味着“你不是谁”的定义。包含“我们”（内群体）的圈子，自然就排除了“他们”（外群体）。荷兰的土耳其人越是认为自己是土耳其人或是穆斯林，他们就越不会把自己视为荷兰人[53]。

因此，仅仅是感觉到被归入某一群体，就有可能增加**内群体偏差**（ingroup bias）。如果问孩子们：“你们学校的学生和他们学校（附近另一所学校）的学生比起来，哪里的学生更优秀？”基本上所有的孩子都会说自己学校的学生更优秀。

内群体偏差表达并支持积极的自我概念。内群体偏差是人们寻求积极的自我概念的又一个例证。当我们的群体获得成功时，通过强烈地认同于该群体，我们可以让自己感觉更好。当大学生在他们的橄榄球队获胜之后被人询问时，他们通常回答“我们赢了”。当他们的球队输了以后被人问及时，他们更可能说“他们输了”。那些自我刚刚受到打击的人（比如了解到他们在“创造力测验”中表现很差），最容易沉浸在内群体的成功所带来的荣耀中[54]。我们也会享受某位朋友的成就所带来的荣耀——除非该朋友在某些与我们的自我同一性相关的方面胜过我们[55]。如果你认为自己是一个杰出的心理学学生，那么你的某位朋友在数学上的杰出表现更可能使你开心。

内群体偏差滋生偏袒。我们的群体意识是如此强烈，以至于只要有理由认为我们是一个群体，我们就会这么做，随后就会表现出内群体偏差。即使是毫无逻辑依据地形成群体，比如通过投掷硬

币来组建X组和Y组，也会产生某种内群体偏差[56]。在库尔特·冯内古特的小说《打闹剧》中，电脑给每个人加了一个中间名字；于是，所有中间名字为"Daffodil-11s"的人，感到彼此之间团结一致，且疏远那些中间名字为"Raspberry-13s"的人。自我服务偏差再次出现，使得人们获得更积极的社会同一性："我们"比"他们"好，即使"我们"和"他们"是随机界定的！

塔杰菲尔和比利希[57]经过一系列的实验发现，只需一些十分细微的线索，就能激发出人们对"我们"的偏袒和对"他们"的不公。在一项实验中，塔杰菲尔和比利希让英国的青少年单独评价现代抽象派绘画，然后告诉他们，与瓦西里·康定斯基的画相比，他们以及其他一些人更欣赏保罗·克利的画，而另一些人则更喜欢康定斯基的画。最后，在从没有见到喜欢保罗·克利作品的其他"克利组"成员的情况下，让这些青少年给"克利组"和"康定斯基组"的成员分钱。这个实验以及其他一些实验以如此微不足道的方式来定义群体，也产生了内群体偏袒。怀尔德[58]总结了典型的结果："当获得机会来分配15个分值（可以兑换钱）时，被试一般都给自己的群体9~10分，其他群体5~6分。"

当我们的群体相对于外群体而言规模较小、社会经济地位较低的时候，我们就更容易表现出内群体偏差[59]。当我们属于一个较小的群体，被一个较大的群体包围时，我们会更容易意识到我们的群体成员身份；当我们的内群体占多数时，我们倒不怎么容易想到它。作为一名外国留学生、男同性恋或者女同性恋者、少数种族或弱势性别的一员，人们能更敏锐地感受到自己的社会同一性，并做出相应的反应。

地位、自尊和归属的需要

地位是相对的：要感觉自己有地位，就需要有人不如我们。因此，从偏见或任何地位等级系统中可以获得的一种心理优势，就是让人产生高人一等的感觉。大多数人都能回想起自己曾经因为别人的失败而窃喜的情景，比如看见兄弟或姐妹被惩罚，或者同学考试不及格等。在欧洲和北美，社会经济地位低下或正在下滑的群体，以及那些积极的自我形象受到威胁的群体，偏见往往更为强烈[60]。在一项研究中，与社会地位较高的女生联谊会成员相比，社会地位较低的女生联谊会成员更容易贬低其他的女生联谊会[61]。如果我们的地位是安全的——如果我们真正感到“自豪”的事情来源于成就而不仅仅是自我膨胀——那么我们就不太需要优越感，表达的偏见也更少[62]。

一次又一次的研究表明，想到自己的死亡，比如写一篇短文谈谈死亡以及因想到死亡而引发的情绪，会引发人们足够的不安全感，并进一步强化内群体偏好和外群体偏见[63]。一项研究发现，在白人中，想到死亡甚至会使他们更青睐那些鼓吹自己群体优越性的种族主义分子[64]。想到死亡的时候，人们就会采用**恐惧管理**（terror management）策略，即蔑视那些因挑战他们的世界观而使他们感到更焦虑的人，以保护自己免受死亡的威胁。当人们已经感觉到他们有可能死亡时，偏见有助于支撑一个受到威胁的信念体系。不过，有关死亡的消息并非一无是处，想到死亡，也

“光我们成功是不够的，猫必须失败才行。”

能导致人们努力追求共有的情感，如内群体认同、团结精神和利他主义[65]。

让人们想到自己的死亡同样能够影响他们对重要公共政策的支持度。在 2004 年的美国总统选举之前，给予人们与死亡相关的线索——包括让他们回忆与“9·11”袭击有关的情绪体验，或者在阈下水平向他们展示与“9·11”有关的图片——提高了人们对小布什总统及其反恐政治主张的支持度[66]。而在伊朗，死亡提示也使得大学生群体中支持以自杀式袭击的方式反对美国的人数增加[67]。

蔑视外群体还可以强化内群体。母校精神很少像与劲敌比赛时那么强烈。当员工对管理层产生共同的敌对情绪时，他们之间的同事情谊往往最浓。为了巩固纳粹对德国人的统治，希特勒利用了“犹太威胁论”。

偏见的认知根源

我们看待世界的方式如何影响我们的刻板印象？我们的刻板印象如何影响我们的日常判断？刻板信念和偏见态度的存在，不仅仅是因为社会化以及它能转移人们的敌意，还因为它是正常思维过程的副产品。刻板印象与其说源于内心深处的怨恨，不如说产生于心理活动机制。错觉是我们解释世界过程的副产品，与此类似，刻板印象也是我们简化复杂世界的心理机制的副产品。

类别化：将人归入不同群体

我们简化世界的方法之一就是归类——通过把客体归入不同的类别来组织世界[68]。刻板印象代表着认知效率，这是快速做出判断和预测他人如何思考与行事的简便方法。因此，刻板印象和外群体偏见可能在人类的进化中发挥了重要的作用，使我们的祖先能够应对和生存[69]。

自发类别化

种族和性别是对人进行分类的有效方式。想象一下，朱利叶斯，45 岁，非裔美国人，亚特兰大房地产经纪人。我们可以推测，“黑人男性”的形象远比“中年人”“商人”和“美国南方人”等类别要突出。

实验结果表明，我们会根据种族对人进行自发归类。正如颜色实际上是一个连续光谱，但我们把它知觉为不同的颜色一样，我们“不连续的心智”[70]无法抗拒将人归入不同群体的倾向。人们的祖先千差万别，我们简单地将他们标定为“黑人”或“白人”，就好像这些类别黑白分明一样。当人们观看不同的人发表言论时，他们常常不记得谁说了什么，但记得每个发言者的种族[71]。这种类别化本身并不是偏见，但它的确为偏见提供了基础。

知觉到的相似性和差异性

请想象以下物品：苹果、椅子和铅笔。

人们有一种强烈的倾向，认为一个群体中的物品比它们实际上更为一致。你想到的苹果都是红的吗？你想到的椅子都是直背的吗？你想到的铅笔都是黄色的吗？一旦我们把两个日子归在同一月份，那么与跨月份但间隔相同的两个日子相比，它们看起来在气温上就更接近。比如说，让人们来猜测 8 天内平均气温的差异，11 月 15 日至 23 日之间的气温差异比 11 月 30 日至 12 月 8 日之间的气温差异要小[72]。

对人也一样。一旦我们把人分成群体——运动员、戏剧专业学生、数学教授——我们就有可能夸大群体内部的相似性和群体之间的差异性[73]。我们认为其他群体的同质性要高于我们所在的群体。仅仅把人划分为不同的群组，就能产生“**外群体同质效应**”（outgroup homogeneity effect），即认为他们都是“相似的”，不同于“我们”和“我们的”群体[74]。考虑如下情况：

- 很多欧洲以外的人都认为瑞士人是非常同质的。但对瑞士人来说，瑞士人是多样化的，包括讲法语、德语、意大利语和罗曼什语的群体。
- 许多非拉丁裔的美国人把“拉丁美洲人”混为一谈。墨西哥裔美国人、古巴裔美国人和波多黎各人则能看出重要的差别[75]。
- 女生联谊会的姐妹们认为自己的成员比其他任何联谊会的成员都要更加多样化[76]。

因为我们一般都喜欢那些我们觉得与自己相似的人，不喜欢那些与我们不一样的人，所以结果就是内群体偏差[77]。

也许你已经注意到：他们（你自己的种族群体以外的其他任何种族的成员）甚至看起来都很相似。我们中的许多人都有将另一个种族的两个人混淆为一个人的尴尬记忆，结果被我们叫错名字的人说：“你认为我们长得都一样。”在美国、苏格兰和德国的实验都发现，与我们自己种族的人相比，其他种族的人的确看起来更为相像[78]。他们向白人大学生显示几张白人和黑人的面孔，然后要求他们从一排照片当中挑选出这些曾看过的面孔，结果显示出**本族偏差**（own-race bias）的存在：相比于黑人面孔，白人大学生能更准确地再认白人面孔，并且他们常常错误地识别出一些从没有看过的黑人面孔。

如图 2-2 所示，黑人比白人更容易识别另一个黑人的面孔[79]。西班牙裔、黑人和亚洲人都比其他种族的人更能识别自己种族的面孔[80]。同样，英国的南亚裔人士比英国白人能更快地识别出南亚人的面孔[81]。10~15 岁的土耳其儿童会比奥地利儿童更快地识别出土耳其人的面孔[82]。即便是 9 个月大的婴儿也表现出对本种族面孔更好的识别能力[83]。

实验室之外也同样如此。例如，丹尼尔·赖特及其同事[84]发现，先让一名黑人研究者或白人研究者在南非和英国的购物中心接近黑人或者白人，随后要求这些人从一队人中辨认出实验者，结果表明人们能更好地识别出与他们同种族的人。

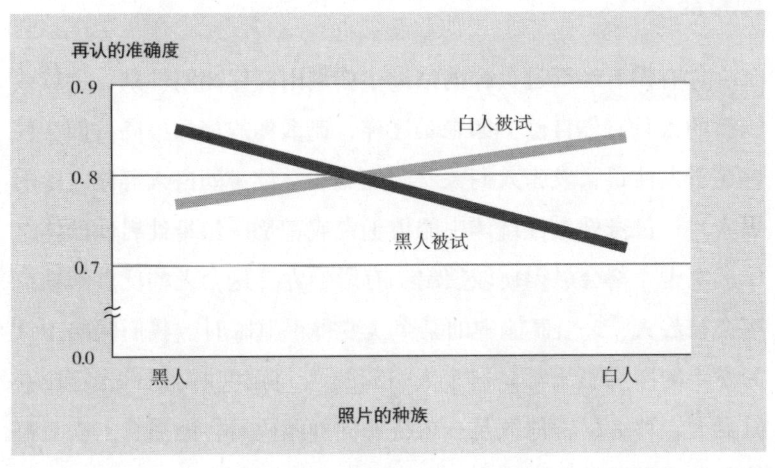

图 2-2 本族偏差。白人被试能更准确地再认白人的面孔而非黑人面孔；黑人被试能更准确地再认黑人的面孔而非白人的面孔。[85]

这并不是说我们不能感知其他种族面孔之间的差异。实际上，当我们看到另一个种族个体的面孔时，我们首先注意到的是种族（“这个人是黑人”）而不是个人特征。当看到我们自己种族的某个人时，我们较少去考虑其种族分类，而是更多地关注个人的细节，比如眼睛[86]。

独特性：感知那些突出的人

我们正常的社会知觉也会以其他方式导致刻板印象的产生。独特的人、生动或者极端的事件往往能吸引我们的注意力并歪曲我们的判断。

独特的人

你有没有经历过这样的情形：你周围与你相同性别、种族或国籍的人只有你自己？如果是这样，那么你的与众不同可能会使你更引人注目，成为人们关注的焦点。一位身处白人群体之中的黑人，一位身处女性群体中的男士，或者是一位身处男性群体之中的女士，都会显得比较突出、有影响力，这个人的优点和缺点都会被放大[87]。当群体中的某个人变得很显眼时，我们倾向于认为发生的所有事情都是这个人引起的[88]。假如我们把目光定位在乔身上，那么尽管他只是一名普通的群体成员，但乔看上去对群体具有超乎寻常的影响力。

你是否注意到，人们也是用你最独特的特质和行为来描述你？洛丽・纳尔逊和戴尔・米勒[89]报告说，如果向人们介绍某人既是跳伞运动员又是网球运动员，那么他们会认为他是一名跳伞运动员；当要求为这个人挑选一本书作为礼物时，人们会挑选跳伞书籍而不是网球书籍。一位既养宠物蛇又养宠物狗的人，会更多地被看作养蛇的而不是养狗的。

人们同样也关注那些违背预期的人[90]。“意料之外的智慧更为夺目，就像冬天盛开的花朵”，斯蒂芬・卡特说出了自己作为一名非裔美国知识分子的体会[91]。这种知觉到的独特性使得来自社会底层但很有才能的求职者更容易脱颖而出，尽管他们也必须努力工作以证实自己的真才实学[92]。

埃伦・兰格和洛伊丝・英伯[93]巧妙地展示了人们对独特的人的关注。他们让哈佛的学生观看一位男士阅读的录像。当引导大学生认识到这个人与众不同（如癌症患者、同性恋者或百万富翁）时，他们表现出了更多的关注。他们注意到了其他观察者忽略的特征，他们对这个人的评价也更极端。与其他观众相比，那些认为自己正在面对一名癌症患者的大学生注意到了对方与众不同的面部特征和躯体活动，因此更倾向于认为这个人非常地“不同于大多数人”。我们对与众不同者的额外关注制造了一种错觉，使得这些人显得比实际上更与众不同。如果人们认为你拥有天才般的智商，他们可能会留意到你的一些事情，否则这些事情就会被忽视。

独特性助长自我意识。当周围都是白人的时候，黑人有时能觉察

到人们针对他们的独特之处所做出的反应。许多人说到自己被目不转睛地盯着或者瞪着看，遭遇不顾及他人感受的评论，或者得到糟糕的服务[94]。当白人单独和另一种族的人在一起时，他们对其他人的反应也同样敏感。有时我们会错误地认为他人的反应针对的是我们的独特性。在达特茅斯学院，罗伯特·克莱克和安杰洛·施特伦塔[95]在让女大学生觉得自己毁容的实验中发现了这一现象。女生们以为这个实验的目的是要评估人们对她们面部通过夸张的化妆制造出来的疤痕会如何反应。疤痕在右侧脸颊，从耳朵一直到嘴。实际上，实验的目的是要看这些女生在感到自己毁容之后会如何看待他人针对自己所做出的行为。化完妆之后，实验者会给每位女生一面小镜子，让她们看到脸上逼真的疤痕。女生放下手中的镜子之后，实验者就使用一些“保湿霜”，以“避免疤痕出现裂纹”。事实上，“保湿霜”的作用是除去疤痕。

接下去的场景是令人痛心的。一位年轻女性在与另一位女士交谈时，对自己所谓被毁容的脸庞感到非常不自在，但后者其实根本没有看到这样的毁容，对此前发生的一切一无所知。如果你也曾有过类似不自在的感觉——也许是因为某种生理残疾、粉刺，甚至是某日的发型很糟糕——那么也许你就能理解那些女生的不自在感了。与那些被告知她们的谈话对象只是认为她们有些过敏的女生相比，那些“被毁容”的女生对谈话伙伴观看自己的方式变得十分敏感。她们将谈话伙伴评价为紧张、冷漠、傲慢。事后观看录像带的观察者分析了谈话伙伴如何对待“被毁容”的人，结果发现并不存在这种对待上的差别。因自己与众不同而感觉不自在，这些“毁容”的女性错误地解读了她们原本不会注意到的言谈举止和评论。

即使双方都是善意的，一个多数群体的人和一个少数群体的人在互动时，双方的不自在感仍会令人感到气氛紧张[96]。汤姆是个公开的同性恋者，他遇到异性恋的比尔。宽容的比尔希望自己的反应不带任何偏见，但比尔对自己不是很有把握，他略微犹豫了一下。然而，汤姆预期大多数人会持有负面态度，他把比尔的犹豫错误地理解为一种敌意，并做出带有挑衅性的回应。

生动的案例

我们的头脑也利用一些独特的案例来作为判断群体的一条捷径。日本人棒球打得好吗？“让我想想，有铃木一朗，还有田泽纯一和上原浩治。是的，我想是这么回事儿。”注意这里所采用的思维过程：针对我们不太了解的某个社会群体，我们回忆案例，并由此概括出结论[97]。不仅如此，遇到负面刻板印象的典型例子时（比如说，遇到一位有敌意的黑人），这种刻板印象就会被启动，导致我们尽可能地减少与该群体的接触[98]。

根据个别案例来概括会引起一些问题。尽管生动的例子更容易从记忆中获取，但它们很少代表更大的群体。杰出的运动员虽然鹤立鸡群、令人难忘，但对于判断整个群体的运动天赋情况并不是最好的依据。

少数群体的个体越独特，多数群体就会越高估这一群体的人数。你们国家的人口中有多少是穆斯林？那些非伊斯兰国家的人通常会过高估计这一比例[99]。（在美国，穆斯林大约只占人口的1%，但一般美国人认为15%的美国居民是穆斯林。）

2011年的一项盖洛普调查发现，一般美国人猜测有25%的人是纯同性恋者[100]。最有力的证据表明，同性性取向的男性约为3%，女性约为1%~2%[101]。

独特事件

刻板印象假定群体成员身份与个人特征之间存在相关性(“意大利人多愁善感”“犹太人精明能干”“会计师都是完美主义者”)。通常，人们的刻板印象是准确的[102]，但我们对非同寻常的事情的格外关注有时会产生出一些虚假相关。因为我们对独特事件比较敏感，所以当两件这样的事情同时发生时就特别引人注意——比每一次非同寻常的事情单独发生时更引人注目。

戴维·汉密尔顿和罗伯特·吉福德[103]在一个经典实验中证实了虚假相关的存在。他们给大学生呈现上面有许多人的幻灯片，这些人要么属于“A组”，要么属于“B组”，并且告诉他们两组的成员做了一些好事或坏事。例如，“约翰，A组成员，他探望了一位生病住院的朋友”。对A组成员的描述比B组多一倍，但两组中好事和坏事的比例都是9:4。因为B组成员和坏事出现的频率都相对较低，所以当它们共同出现时——如艾伦，B组成员，他把停在路边的小汽车的挡泥板撞瘪了，但没有留下自己的名字——就成为一个非同寻常的组合，从而抓住了人们的注意力。因此，参加实验的大学生们就会高估“少数派”群体（B组）行为不当的频率，并且在评价 B 组时更加严厉。

请记住，A 组的人数是 B 组的两倍，B 组人做坏事的比例与 A 组实际上是完全一样的。此外，这些大学生对 B 组成员并没有预先存在的偏好或偏见，而且与日常生活体验所能提供的相比，他们在实验中接收的信息更加系统。尽管研究者还在争论这种现象的原因，但他们一致认为虚幻的相关确实存在，并且为种族刻板印象的形成提供了又一个来源[104]。因此，最能将少数群体从多数群体中区分出来的特征往往是与少数群体紧密相关的特征[105]。你的种族或者所在的社会群体与其他群体可能在大部分方面都很相似，但人们会注意到不同之处。

在实验中，非典型群体中的某个人即使只做出一次不常见的行为，便可以在人们的脑海里形成虚幻的相关[106]。这使大众媒体得以助长虚幻相关现象。当一个自称同性恋的人谋杀了某人或者对其实施了性虐待时，人们往往会提到同性恋这一点。如果某个异性恋的人做了同样的事情，他的性取向却很少会被提及。这样的报道加深了人们的错觉，让人们误以为暴力倾向和同性恋之间有很大关系。

归因：这是一个公正的世界吗

在解释别人的行为时，我们常常犯根本性的归因错误：我们总是热衷于将人们的行为归结于他们的内在倾向，而忽视那些重要的情境力量。之所以犯这类错误，部分原因在于我们关注的焦点在人而不是情境。一个人的种族或性别总是鲜明而引人注意的，而作用于这个人的情境力量通常却不那么显而易见。我们常常忽略奴隶制度是奴隶行为的原因之一，代之以奴隶们自身的天性来解释奴隶行为。直到最近，我们在解释感知到的男女差异时都是如此。由于性别角色的约束难以看到，所以我们把男性与女性的行为完全归因于他们假定的天生倾向。人们越是认为人的特质是一成不变的，他们的刻板印象就越强烈，他们对种族不平等的接受程度就越高[107]。

在一系列的实验中，梅尔文·勒纳及其同事[108]发现，仅仅是观察到某个无辜者受害，就足以让受害者显得不那么值得尊敬。

勒纳[109]指出，之所以存在这种对不幸者的贬低，是因为人们需要相信："我是一个公正的人，生活在一个公正的世界，这个世界的人们得到他们应得的东西。"他说，从很小的时候开始，我们受到的教育就是"善有善报，恶有恶报"。勤奋工作和高尚情操会换来奖赏，而懒惰和不道德则不会有好结果。由此我们很容易进一步认定春风得意的人必然是好人，而可怜之人必有可恨之处。

许多研究证实了这种**公正世界现象**（just-world phenomenon）[110]。设想你与其他人一道参加了勒纳的一项被说成感知情绪线索的研究[111]。研究者以抽签的方式选择一名参与者（研究者的同谋）完成一项记忆任务。这个人一旦给出错误答案，就要接受痛苦的电击。你和其他人要记录他的情绪反应。

在观看了受害者接受这些显然十分痛苦的电击之后，实验者让你对受害者进行评价。你会怎么回应呢？是深切的同情吗？我们可能会这样期待。就像爱默生所写的那样："受难者是无法玷污的。"但与此相反，实验结果表明，受难者是可以被玷污的。当观察者无力改变受害者的命运时，他们就经常会否定和贬低受害者。罗马讽刺作家尤维纳利斯早就预见到了这样的结果："罗马的暴民追随财富……憎恨那些被判过刑的人。"遭受的痛苦越多，就像大屠杀之后的犹太人一样，人们越不喜欢受害者[112]。

琳达·卡莉和她的同事[113]指出，这种公正世界现象会影响我们对强奸受害者的印象。卡莉让人阅读有关一个男性和一个女性交往的详细描述。例如，一个女性和她的老板相约共进晚餐，她来到老板的家，每人饮了一杯红酒。有些人阅读的故事有一个快乐的结局："他将我引到沙发旁。他握着我的手，向我求婚。"

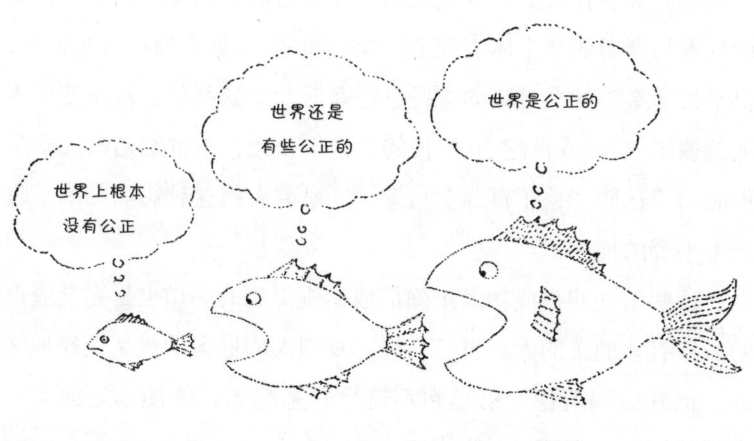

公正世界现象

事后看来，人们不觉得这个结局有什么大惊小怪，还十分赞赏男女主人公的表现。其他人看到的故事则是另一个结局："但他随后变得非常粗暴，把我推向沙发。他把我按倒在沙发上，强奸了我。"如果是这个结局，人们会觉得它在所难免，并且指责那位女士在故事前段的行为就有失妥当。

这类研究表明，人们之所以对社会不公漠不关心，并不是因为他们不关心公正，而是因为他们眼里看不到不公正。那些相信世界公正的人：

- 认为被强奸的受害者一定行为轻佻[114]；
- 遭受虐待的配偶一定是自作自受[115]；
- 穷人注定就过不上好日子[116]；
- 生病的人应该为他们的疾病负责[117]。

当研究者让人们记录他人的选择来激活其选择的概念时，美国的参与者对弱势个体表现出较少的同理心，更多地指责受害者，对平权法案等社会政策的支持也会降低[118]。这些信念甚至变得更加普遍了：与20世纪70年代的大学生相比，本世纪初的大学生更倾向于认同"公正世界"信念——研究者将这种影响归因于收入不平等的加剧[119]。

这些信念使得成功人士确信他们所得到的一切也是完全应得的。富有和健康的人将自己的好运及别人的厄运看成是天经地义的。把好运和美德、厄运和不道德联系起来，能使幸运的人在自豪的同时，也不必对不幸的人承担责任。

人们厌恶失败者，即使失败者倒霉的原因显然仅仅是运气不好。举例来说，儿童会认为幸运的人——比如在街边捡到钱的人——会比不幸运的儿童更可能做好事或者是一个好人[120]。成年人明白赌博的结果纯粹是运气的好坏，不应该影响他们对赌博者的评价。然而，他们还是忍不住要放马后炮——根据人们的结果去评价他们。好的决策也可能带来坏的结果，可人们无视这一事实，他们认定失败者能力较差[121]。与此类似，律师和股市投资者也可能根据自己的结果来评价自己。成功的时候自鸣得意，失败的时候自责不已。不能说天赋和主动性与成功无关，但公正世界的假设低估了不可控因素，这些因素会使优秀人才的努力也付诸东流。

公正世界思维也会让人认为所处文化中熟悉的社会系统是公正的[122]。事情越是这样，我们就越倾向于认为事情本来就应该如此[123]。这种天然的保守性使得新的社会政策难以推行，比如选举权法案、税收和医保等各项改革。但是，当一项新的政策就位之后，我们的“制度正当化”机制又会发挥作用，以支持该政策。因此，加拿大人多数赞同政府的各项政策，如全民医保、严格控制枪械和取消死刑等，美国人也大多支持自己适应了的各类政策。

偏见的后果

刻板印象如何将自身变为现实？偏见如何损害人们的行为表

现？偏见既有存在的原因，也会产生相应的后果。

自我延续的预先判断

偏见与先入为主的预先判断有关。预先判断在所难免：我们谁也不是冷静客观的社会事件记录员，一五一十地记录支持或者反对我们各种偏见的证据。预先判断很重要。

预先判断引导我们的注意和记忆。那些接受性别刻板印象的人，经常错误地回忆自己的学校成绩，其方式与刻板印象相一致。比如，女性回忆出的数学分数常常比真实的成绩要差，而回忆出的美术分数则高于真实成绩[124]。

而且，一旦我们把某项特征归入一个类别，比如某个特定的种族或者性别，我们的记忆系统之后就会偏向与该类别相关联的这项特征。在一项实验中，比利时大学的学生观看一个由 70% 的典型男性面孔和 30% 的典型女性面孔合成的面孔（或者相反的比例）。在后续实验中，那些看到 70% 男性面孔的学生报告说自己看到了一张男性的脸（如你所料），但是他们也将这张脸错误地回忆成更为典型的男性面孔。

预先判断是自我延续的

只要群体成员的行为符合我们的预期，我们就会重视这一事实；我们先前的看法得到了验证。当群体成员的行为举止与我们的预期不一致时，我们可能会以特殊情形来解释这种行为[125]。

也许你能回忆起在过去的某个时候，你无论怎样努力都摆脱不了某人对你的评价，当时你无论做什么都会被误解。一旦某人预期与你见面不会愉快时，误解就很有可能发生[126]。威廉·伊克斯和他的同事[127]在两两一组的大学年龄段的男性参与者身上证明了这一点。当这些男士来到实验室时，实验者给予每组中的一人虚假的预先警告：另外那个人是“我近来交谈过的人当中最不友好的人之一”。随后介绍两个人相互认识，并让他们单独相处5分钟。在实验的另一条件下，引导这些学生，让他们以为参与的另一方特别友善。

那些预期对方不友好的人，异乎寻常地试图表现出友好，而对方对他们的友好举止报以了热情的回应。但与有正向偏差的学生有所不同，这些预期自己会遇到不友好伙伴的人，把这种相互友好归结为他们自己“小心翼翼”地对待对方的结果。他们事后表现出对对方更多的不信任和不喜欢，并且认为对方的行为不那么友好。尽管他们的搭档实际上很友好，但负向偏差诱导这些学生“看见”了隐藏在对方“强颜欢笑”背后的敌意。如果他们不曾这样想过，他们就不会看到这些。

我们的确会注意到那些与刻板印象明显不一致的信息，但即使这样的信息，其影响也比我们预期的要小。当我们关注一个反常的事例时，我们可以分出一个新的范畴来维护已有的刻板印象[128]。英国学龄儿童对和蔼可亲的校警形成了非常正面的印象（他们把校警视为特殊的一类），但这丝毫改善不了他们对警察的整体看法[129]。这种**再分类**（subtyping）——把偏离预期的人归入一个不同的类别——帮助维持了警察不友善和危险的刻板印象。

对不能“对号入座”的人形成新的刻板印象，是应对不一致信息的另一种方式。认识到刻板印象并不适合这一类别中的每一个人，那些拥有“理想”的黑人邻居的房主会形成“职业的、中产阶级的黑人”这样一个新的刻板印象。随着刻板印象的差异化，这种**再分群**（subgrouping）——形成一个子群体的刻板印象——往往会让刻板印象发生适度的改变[130]。子类别是群体的例外；子群体则被认为是总体上多样化的群体的一部分。

歧视的影响：自我实现的预言

态度之所以可能与社会等级相吻合，不仅仅是由于合理化的需要，还因为歧视影响到了它的受害者。“个人声望，”奥尔波特[131]写道，“一点一点地被灌输到人的头脑中，它不可能对一个人的性格丝毫不产生影响。”如果说我们能够在弹指一挥间结束一切歧视，那么占多数的白人就会向黑人宣称：“艰难的日子已经过去了，同胞们！你们现在都可以成为体面的管理者或专业人士。”这样的话就太天真了。压迫结束了，但它的影响还将延续，犹如社会的一场“宿醉”。

在《偏见的本质》一书中，奥尔波特列举了受害的 15 种可能的影响。奥尔波特认为这些反应可以归纳为两大类——一种涉及责怪自己（退缩、自我痛恨、攻击自己的群体），一种涉及责怪外部原因（反击、怀疑、群体自豪感增强）。如果最终结果是负面的，比如说犯罪率升高了，人们可以借此为歧视进行辩解：“如果我们允许那些人搬进我们友好的社区与我们为邻，房价会一落千丈。”

歧视真的会影响到受害者吗？如同沃德、赞纳和库珀[132]的一对巧妙实验所展示的那样，社会信念能够自我验证。在第一个实验中，白人和黑人研究助手冒充求职者，由普林斯顿大学的白人男子来进行面试。与求职者为白人时相比，当求职者为黑人时，面试官坐得更远，平均提前 25% 的时间结束面试，并且多犯 50% 的言语失误。想象一下在接受面试的时候，人家远远地坐在那里，说话结结巴巴，急急忙忙就结束了面试。你的表现或你对面试官的感受是否会受到影响？

为找到答案，研究者进行了第二项实验，实验中经过培训的面试官以第一个实验中面试官对待黑人或白人的方式来对待求职者。稍后对面试录像进行评定，结果发现，那些受到类似于第一个实验中黑人的待遇的人显得更为紧张、表现更差。而且，求职者自己也可以感觉到区别；那些受到“黑人式”对待的学生认为他们的面试官的举止相对不那么妥当和友善。研究人员总结说，“黑人表现方面的‘问题’……部分在于互动情境本身”。如同其他自我实现的预言一样，偏见对其对象产生了影响。

刻板印象威胁

仅仅对偏见敏感就足以让我们在作为少数群体生活时感到

不自在——也许是作为一个黑人生活在白人社区，或者是作为一个白人生活在黑人社区。与其他一些情况一样，这种情形会消耗我们的精力与注意力，导致我们心理与生理机能下降[133]。当你置身于别人都预期你会表现很差的情境当中时，你的焦虑可能会导致你证实这一信念。我是一个 70 岁出头的矮个子。当我与一群高个、年轻的选手临时组队打篮球比赛时，我常常怀疑他们会认为我是队里的累赘，这将削弱我的信心，影响我的表现。克劳德·斯蒂尔和他的同事称这一现象为**刻板印象威胁**（stereotype threat）——一种自我验证的忧虑，担心有人会根据负面刻板印象来评价自己[134]。

在多个实验中，斯潘塞、斯蒂尔和奎因[135]给男女大学生一份难度非常高的数学测验，这些学生具有相同的数学背景。当告诉学生这个测验不存在性别差异，也没有关于任何群体刻板印象的评估时，女生的成绩始终与男生持平。一旦告诉学生存在性别差异，女生就会戏剧性地证实这种刻板印象。因难度很大的题目而受挫时，她们明显地感到格外担忧，这影响到了她们的成绩。对于工科女生来说，与有性别歧视的男性交流同样会影响考试成绩[136]。甚至在考试前，刻板印象的威胁也会妨碍女性学习数学规则和运算[137]。

种族刻板印象是否也可能以类似的方式自我实现？斯蒂尔和阿伦森[138]给白人和黑人做了一些难度较大的语言能力测验。在接受测验时，黑人只是在受到较高的刻板印象威胁的情形下表现比白人差。类似的刻板印象威胁效应也发生在西班牙裔美国人身上[139]。

杰夫·斯通及其同事[140]报告说，刻板印象威胁同样也会影响运动员的成绩。当把打高尔夫球表述为“运动智力”测验时，黑人的表现就比平时要差；当表述为“天生运动能力”测验时，白人的表现比较差。斯通[141]推测：“当人们想起有关自己的负面刻板印象时，如‘白人男子不擅长跳跃’或者‘黑人男子不擅长思考’，它就会对运动成绩产生负面的影响。”残疾人也是如此，对他们来说，担心别人的负面刻板印象会阻碍他们取得成就[142]。

斯蒂尔[143]认为，如果你告诉学生他们有失败的风险（如同少数群体支持项目经常暗示的那样），那么刻板印象就可能损害他们的行为表现，并且导致他们“不认同”学校，到其他地方去寻求自尊（图 2-3）。事实上，随着美国黑人学生从八年级升入十

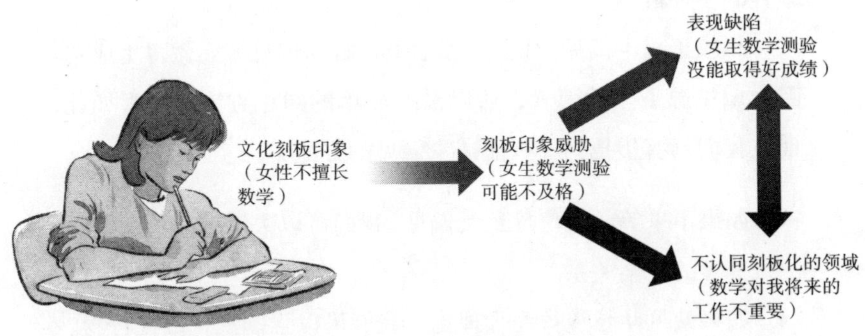

图 2–3 刻板印象威胁。面对负面刻板印象而产生的威胁可能造成表现缺陷以及不认同。

资料来源：Gallup Polls.

年级，他们的学习成绩与自尊之间的联系越来越弱[144]。而且，那些被引导认为自己进入大学或学术群体是受惠于种族或性别偏好的学生，其表现往往比那些被引导认为自己很能干的学生差[145]。

因此，斯蒂尔评论道，最好给学生一些挑战，让他们相信自己的潜力。他的研究小组进行了另一项实验，在对黑人学生的写作提出批评时，如果同时告诉他们，“从你的来信来看，我认为你有能力达到我所说的更高水平，否则我不会自找麻烦给你这样的反馈”，那么他们就会对批评做出很好的回应[146]。

“价值肯定”也有帮助，即让人们肯定自己是谁[147]。斯坦福大学的一个研究团队多次邀请非裔美国七年级学生写下他们最重要的价值观。与同龄人相比，他们在接下来的两年里取得了更好的成绩[148]。随后的研究把价值肯定效应（比如让人们回忆自己感到成功或自豪的时刻）扩展到从大学物理课的女大学生到施粥所顾客的各种群体[149]。

相较于减少偏见，社会心理学家在解释偏见方面做得更成功。因为偏见源于多种因素，所以没有简单的纠正方法。尽管如此，现在我们仍有望找到一些能减少偏见的方法：

- 如果不平等的地位导致了偏见，我们可以去谋求一种互助的、平等的社会关系。
- 如果偏见使歧视行为合理化，我们可以强制禁止歧视行为。
- 如果社会机构支持偏见，我们就撤消这些支持（例如用媒体树立种族和谐的榜样）。

- 如果外群体看起来比实际上更加同质化，我们可以努力使他们的成员个性化。
- 如果我们的自发偏见让我们感到内疚，我们可以利用这种内疚感来促使我们打破偏见的习惯。

自 1945 年第二次世界大战结束以来，许多这样的反歧视方法已经得到了应用。种族、性别和性取向歧视也的确减少了。社会心理学的研究也一直在帮助我们打破歧视的壁垒。

3

攻击的先天性和后天性

回顾刚刚过去的世纪，约 250 场大大小小的战争夺走了 1 亿 1 千万人的生命——足够建立一个人口超过法国、比利时、荷兰、丹麦、芬兰、挪威和瑞典人口之和的“死亡国度”。造成世界范围内大规模人口死亡的原因除了两次世界大战之外，还包括惨绝人寰的种族屠杀。1937 年，南京沦陷后，数十万中国人惨遭日军屠杀；1994 年，100 万卢旺达人被屠杀[1]。总之，从希特勒对犹太人的种族灭绝，到早期数百万美洲原住民的惨死，无不揭示了各种文化的人类潜质中异常残忍的一面。

即使在战争以外，人类也有着非同寻常的互相伤害的能力。过去几年，发生在中小学、大学校园和电影院的大规模枪击事件引起了公众对枪支暴力的关注。1981—2010 年间，美国有 112 375

名婴儿、儿童和青少年死于枪击，比死在韩国、越南、伊拉克和阿富汗的士兵总数还多2万5千人[2]。2015年，美国有15 696人死于谋杀，124 047人被强奸，764 449人被枪击、刀刺或受到其他武器伤害，人数合计近百万，令人触目惊心[3]。这些数字可能还只是冰山一角，因为许多强奸和袭击案都没有被报道。一项广泛的匿名调查发现，在美国，近1/5的女性称自己遭受过性侵犯，1/4的女性曾被亲密伴侣拳打脚踢或朝着物体猛撞[4]。在世界范围内，30%的女性经历过亲密伴侣的暴力[5]。

没那么严重但依然有害的攻击行为更为普遍。一项研究发现，90%的年轻夫妇在言语上对彼此进行攻击，包括大喊大叫和侮辱[6]。对35个国家的儿童进行调查后发现，超过1/10的儿童报告自己在学校曾被霸凌[7]。一半的加拿大初、高中学生说自己在最近三个月内曾在网络上遭遇过霸凌，其中包括被叫绰号、传播关于他们的谣言，或者未经他们同意就将他们的私人照片传播出去[8]。75%的儿童和青少年曾经历过**网络霸凌**（cyberbullying），即通过电子邮件、短信、社交网站和其他电子媒体进行的有意和反复的攻击[9]。网络霸凌往往会导致负面的后果，如抑郁、恐惧、药物滥用、辍学、身体健康状况不良、自杀，甚至是在霸凌事件发生多年之后[10]。

对社会心理学家来说，**攻击**（aggression）就是意图伤害他人的身体行为或者言语行为。这一定义排除了车祸或人行道上的碰撞等无意伤害，也排除了帮助他人时不可避免地带来疼痛的行为，如牙科治疗或者——更极端的——协助自杀。它包括：踢打、掌掴、威胁、侮辱甚至散布流言或“冷嘲热讽”；恶意的、对抗性的无礼行为，比如对另一个司机竖起中指，或者对走得太慢的人大喊大叫[11]；实验中关于对人造成多大伤害的决定，比如施加多大的电击；毁坏财产、撒谎等其他以伤害为目的的行为。正如这些例子所说明的，攻击包括**身体攻击**（physical aggression; 伤害某人的身体）和**社会攻击**（social aggression; 比如霸凌和网络霸凌、侮辱、有害的流言蜚语，或者造成感情伤害的社会排斥）[12]。社会攻击会带来严重后果，受害者会遭受抑郁的折磨，有时还会自杀——就像一些广为人知的案例中发生的那样。

攻击理论

攻击是一种本能吗

哲学家关于人性的争论由来已久，有人认为人性在根本上是仁慈、知足而高贵的，另一些人则认为人性的本质是残忍的。第一种观点由 18 世纪法国哲学家卢梭（1712—1778）提出，他把社会罪恶归咎于社会而非人性。第二种观点则以英国哲学家霍布斯（1588—1679）为代表，他将社会法律视为控制残忍人性的必要手段。20 世纪，维也纳的精神分析创始人弗洛伊德和德国的动物行为学家洛伦兹提出了“性恶论”的观点，即攻击性驱力与生俱来，因此无可避免。

弗洛伊德认为，人类的攻击源于一种自我破坏的冲动。攻击把原始的死亡冲动（即所谓的“死亡本能”）所蕴含的能量转向他人。作为动物行为学家，洛伦兹认为攻击更多是适应性的而非自我破坏性的。两种理论都认为，攻击性的能量来自本能，是天生的、非习得的和普遍的。如果得不到释放，这种能量就会越积越多，直到爆发；或者直到一个合适的刺激使之得到“释放”，就像老鼠释放捕鼠器的能量一样。

为了涵盖几乎每一种可以想到的人类行为，我们假设的人类本能的清单越来越长。科学家也逐渐意识到，不同的人以及来自不同文化的个体，其行为大相径庭。于是，“攻击是一种本能”的观点就瓦解了。显然，生物特性能够影响行为，正如后天环境也能影响先天特性一样。我们的经验与由基因构建的神经系统是相互作用的。

神经系统的影响

攻击是复杂的行为，并非简单地受大脑中某个特定区域的控制。尽管如此，研究者还是在动物和人类身上发现了一些能够引发攻击的大脑神经机制。当科学家激活这些脑区时，人们的敌意程度增加了；当这些脑区的活动被抑制时，敌意程度就会下降。通过这样的方法，温驯的动物可以被激怒，狂怒中的动物可以恢复温顺。

在一项实验中，研究者以一只行为专横的猴子为研究对象，将电极安置在抑制攻击行为的脑区。另一只小猴子掌握着激活电极的按钮，它很快就学会了在这只跋扈的大猴子变得危险时按下按钮。脑部激活在人类身上同样有效：一位妇女在其杏仁核（与情绪有关的核心脑区）受到无痛的电刺激后发怒，把她的吉他砸向墙壁，差点砸中其心理治疗师的头[13]。

既然如此，那些有暴力倾向的人是否在大脑某些方面存在着异常？为了回答这一问题，阿德里安·雷恩等人[14]利用大脑扫描来测量杀人犯的脑活动，并测量了反社会行为障碍者的大脑灰质总量。结果发现，杀人犯（不包括那些受过父母虐待的人）的前额叶激活水平比正常人低 14%，反社会者的前额叶则比正常人小 15%，而前额叶就像一个“紧急刹车”，对参与攻击行为的深层脑区起抑制作用。其他对杀人犯和死囚的研究也证实，脑部异常可能导致异常的攻击行为[15]。

基因的影响

遗传因素影响神经系统对攻击性线索的敏感性。我们早就知道，很多种动物可以被培育得有很强的攻击倾向。有时这是为了一些实际目的，如培育斗鸡;有时，这种培育只是为了科学研究。芬兰心理学家拉格斯佩兹[16]从一组正常小鼠中挑选出攻击性最强的和攻击性最弱的分别饲养，在此后它们繁殖的 26 代中始终重复这一选择过程，最终她得到了一组凶猛的小鼠和一组温顺的小鼠。

攻击性的个体差异很大[17]。我们的气质（即我们的反应性和反应强度）部分是与生俱来的，同时也受到交感神经系统反应性的影响[18]。一个人在幼年表现出来的气质通常是稳定的[19]。如果一个孩子在3岁时缺乏责任心和自控能力，那么他到32岁时更有可能滥用药物或被逮捕[20]。在8岁时没有表现出攻击性倾向的儿童，到48岁时也不太可能成为富有攻击性的人[21]。

对1 250万瑞典居民的调查结果显示，那些有亲生兄弟姐妹被判暴力犯罪的人，他们自己被判暴力犯罪的可能性是其他人的4倍，而领养的兄弟姐妹间这一比率要低得多，这表明遗传因素在其中的作用很大，而环境的影响则相对较小[22]。最近的研究发现了一种与攻击性有关的特定基因（MAOA-L），有些人甚至称之为“战士基因”或“暴力基因”。在多项研究中，携带该基因的人在被拒绝或侮辱后，大脑的自控中心表现出更强的活动，这表明他们正在努力控制自己的愤怒[23]。当被激怒时，他们也更有可能做出攻击性的行为[24]。

生物化学因素

血液中的化学成分同样可以影响神经系统对攻击性刺激的敏感性。

酒精　实验室研究和警方资料都表明，当人们被激怒时，酒精会释放人们的攻击性[25]。请看以下研究证据：

- 在实验室研究中，喝醉的人在被要求回忆人际关系冲突时会施加更强的电击，感受到更强烈的愤怒[26]。
- 在 2000—2006 年间澳大利亚近一半的杀人案中，行凶者都喝过酒[27]。从 20 世纪 50 年代到本世纪初的犯罪数据来看，美国 57% 的杀人案和俄罗斯 73% 的杀人案与酒精有关[28]。美国 37% 的强奸和性侵犯案件与酒精有关[29]。在因谋杀、袭

酒精与性侵犯。五分之一的大学适龄女性经历过性侵犯，其中许多犯罪都与酒精有关。

Zuma/Zuma Wire Service/Alamy

击、抢劫或性侵犯被判罪的囚犯中，40% 的人在犯罪时都是醉酒状态[30]。

- 使用电子日记对大学生进行为期 2 个月的跟踪调查，结果显示出一个清晰的模式：那些喝酒的人更有可能对约会对象做出攻击行为。每多喝一杯酒，虐待发生率都会上升[31]。

酒精会降低人们的自我觉知，使人们的注意力集中在带有挑衅性的刺激上，在心理上将酒精和攻击联系起来，从而增加暴力行为发生的可能[32]。酒精还让人容易将模棱两可的行为（如拥挤中发生的碰撞）理解为挑衅[33]。酒精使人们去个性化，降低人们的抑制能力。

睾酮 尽管激素的影响对低等动物比对人类要强烈得多，但暴力行为的确与雄性激素睾酮（也译作睾丸素、睾丸激素）有关。请看下面这些研究发现：

- 降低睾酮水平的药物会削弱有暴力倾向男性的攻击性；
- 25 岁以后，男性的暴力犯罪率与其睾酮水平同时下降；
- 被判为蓄意或无端的暴力犯罪的罪犯，其睾酮水平比非暴力犯罪的罪犯要高[34]；
- 在正常的青少年和成年人中，那些睾酮水平高的人更容易出现不良行为、使用烈性毒品以及对挑衅做出攻击性回应[35]；
- 大学生在遭到排斥后报告的愤怒水平越高，唾液中的睾酮水平就越高[36]；

- 摆弄过枪之后，男性的睾酮水平会上升；他们的睾酮水平上升得越多，对他人就越有攻击性[37]。
- 在发育期，男性的睾酮能够增加面部的宽和长的比率。在实

英国演员杰米·威里特因在《哈利·波特》系列电影中扮演德拉科·马尔福的好斗伙伴文森特·克拉布而闻名，他体现了宽脸和攻击行为之间的联系。这种相关也适用于现实生活：2012 年，威里特因参与 2011 年的伦敦骚乱被判监禁 2 年。

AP Images/Press Association/Dominic Lipinski

验室中，面部相对较宽的男性表现出更高的攻击性。在曲棍球场上也是如此，面部较宽的大学生球手和职业曲棍球手，在犯规球员禁闭区停留的时间更长[38]。人们也能正确预测出脸部较宽的男性攻击性会更强，更不值得信任[39]。

正如詹姆斯·达布斯[40]所言，睾酮“分子虽小，但作用巨大”。虽然给男性注射睾酮并不能直接使人变得富于攻击性，但睾酮水平低的男性在受到挑衅时不易做出攻击反应[41]。睾酮大致可比作电池的电力，只有电力水平很低时，暴力犯罪才会有明显下降。

不良饮食 当英国研究人员伯纳德·格施最初尝试研究饮食对攻击行为的影响时，他站在英国某监狱的数百名犯人面前，但不论他喊得多大声都没有一名犯人听他说话。最后，他只好与“狱头”（犯人的“硬汉”首领）私下沟通，231 名犯人签字同意接受营养补充品或安慰剂。获得额外营养的犯人参与的暴力事件要少 35%[42]。该研究对监狱外的人或许也有帮助，因为很多人的饮食都缺乏重要的营养素，例如 ω-3 脂肪酸（存在于鱼类中，对大脑功能非常重要）和钙（有助于抑制冲动）。

在另一项研究中，研究人员调查了波士顿公立高中学生的饮食习惯以及他们的攻击行为或暴力行为。那些每周喝 5 罐以上有糖汽水的人，更有可能对同龄人、兄弟姐妹或约会对象有暴力行为，更有可能携带枪支或刀具等武器。即使在研究人员考虑了其他 8 个可能的因素之后，这个结论仍然成立[43]。另一项相关研究发现，摄入更多反式脂肪（也被称为氢化油）的男性和女性更有攻击性，即使在控制了第三因素之后也是如此[44]。因此，也许令人惊讶的是,经典的“甜点辩护”或许还是有点儿道理的。在“甜点辩护”中，一名被控谋杀者的律师辩称，嫌疑人一直在吃垃圾食品，包括夹馅蛋糕和可口可乐。总结一下就是：为了降低攻击性，饮食中 ω-3 脂肪酸的含量要高，反式脂肪的含量要低，并且不能喝加糖饮料。

影响攻击的心理因素

攻击行为在很大程度上受到神经、遗传以及生物化学等因素的影响。生物学的影响使得有些人会对冲突和挑衅做出更具攻击性的反应，但这还不是事情的全部。

挫折与攻击

那是一个温暖的夜晚，在两个小时的认真学习之后，你又累又渴，于是向朋友借了一些零钱，走向最近的一个自动售货机。你把钱放入机器里，迫不及待地想要喝一口冰爽的可乐。但是，当你按下取货的按钮时,售货机却完全没有反应。你又按了一次。然后你按下了退钱的按钮，机器仍然毫无动静。你用力地敲打着按钮，然后用拳头捶它们。可一切仍然无济于事，既没有饮料也没退钱。你跺着脚回到自己的房间，两手空空。此时，你的室友是不是该很小心地对待你呢？那时的你是否更容易说出一些伤人的话语，甚至做出一些伤害性的事情呢？

作为最早对攻击进行解释的心理学理论之一，流行的**挫折－攻击理论**（frustration-aggression theory）对此问题的回答是肯定的[45]。这里的**挫折**（frustration）指的是任何阻碍我们实现目标的事物（比如那个出现故障的自动售货机）。当我们达成一个目标的动机非常强烈，当我们预期得到满意的结果却在行动过程中遇到阻碍时，挫折便产生了。鲁珀特·布朗和他的同事[46]对乘渡船去法国的英国乘客进行了调查，结果发现：当法国渔船堵塞码头，挡住渡船前行时，他们的态度更有攻击性。由于达成目标的愿望受阻，乘客们更加同意弄洒咖啡的法国人应受到斥责。因为输了一场多人电子足球比赛而受到挫折的大学生，用更长时间、更高音量的令人难受的噪声攻击他们的对手[47]。网络霸凌往往源于挫折，比如分手。一些网络霸凌者将他们的攻击指向正和他们的前任约会的人。一位女士这样描述她的经历："一个女孩因为我和她的前男友约会而生气。她发短信骚扰我，说我是个坏朋友，是个荡妇。然后，她"转战"脸书，开始在她和她的朋友之间发布关于我的坏话，还说我的男朋友出轨了。这样的骚扰持续了整整六个月"[48]。

攻击的能量无需直接朝挫折源释放。大多数人都学会了克制直接的报复，特别是当知道别人会对这种行为表示反对或者进行惩罚时。相反，我们替代或把我们的敌意转向一些安全的目标。一则古老的故事为攻击**替代**（displacement）做了很好的诠释：一个被老板羞辱的男人回家以后大声斥责他的妻子，妻子只好向儿子咆哮，儿子只能踢狗解气，而狗则把来送信的邮递员咬了一口（邮递员又回家斥责了他的妻子……）。在实验情境和现实生活中，当新的目标与挫折源有相似之处，并且做出一些轻微的刺激性举动时，替代性攻击最容易发生[49]。当一个人因之前被挑衅而心怀怒火时，哪怕是轻微的冒犯也可能引发一次爆炸性的过度回应（这样你就可以理解为什么你的钱被自动售卖机吞掉后，你会向室友嚷嚷了）。

在一项实验中，爱德华多·瓦斯克斯及其合作者[50]通过让一名主试侮辱参与者在异序词测试（让人想出字母相同的不同单词，如“danger”和“garden”——译者注）中的表现，激怒一些南加州大学的学生。很快，这些学生要决定另外一名假被试在完成实验任务时把手浸在刺骨冷水中的时间。当这名假被试用稍微刺耳的语言轻微地冒犯了先前被激怒的被试后，与没有被激怒的被试相比，这些被试惩罚性地给出了更长的“浸冷水”时间。瓦斯克斯表示，这种替代性攻击现象，让我们很好地理解了为什么之前被激怒而且还在愤怒中的人，会以“路怒症”的方式回击别人在高速公路上对他的轻微冒犯，或者因为伴侣批评自己而虐待对方。这同样也有助于解释为什么在美国职业棒球大联盟中，当击球手在上一轮击球中打出全垒打或之前的击球手打出全垒打之后，挫败的棒球投手最可能会打到这个击球手，这一结果是从对1960年以来的74 197场比赛中近500万次场上击球数的分析中得到的[51]。

外群体目标尤其容易受到替代性攻击[52]。对立会产生攻击。许多评论家认为，美国对"9·11"恐怖事件不难理解的强烈愤怒，促成了美国对伊拉克发动袭击。美国人此时需要寻找宣泄愤怒的对象，于是把矛头指向了他们眼中罪恶的暴君——萨达姆·侯赛因，他们昔日的盟友。托马斯·弗里德曼[53]指出："发动这次战争的真正原因在于，'9·11'事件后，美国需要对阿拉伯世界的某些人进行打击。而选择萨达姆的原因很简单，美国人有能力做到这一点，同时萨达姆罪有应得，并且正处于阿拉伯世界的中心。"战争的另外一位发动者，副总统理查德·切尼似乎同意这一观点[54]。他在被问及为什么大多数国家都反对美国发动战争时回答说："因为他们没有经历'9·11'事件。"

对挫折－攻击理论的实验室检验得到了不一致的结果：有时挫折增加了参与者的攻击性，有时却没有。如果这种挫折是可以理解的，例如在一项实验中，如果一名成员（实验者的同谋）阻碍团体解决问题的原因是他的助听器发生故障而不是他不专心，那么这只会导致恼怒而不是攻击[55]。

伯科威茨[56]认为原有的理论夸大了挫折与攻击之间的关联，因此他对该理论进行了修正。伯科威茨的理论是，挫折只有在人们感到心情烦乱时才会产生攻击性——例如，当使人感到挫败的人本可以选择采取其他行动时，会让人产生愤怒的情绪[57]。许多人在体育比赛中对自己未能实现目标感到挫败，但他们通常不会有攻击性，除非他们被对方球员故意的不当行为所激怒。

一旦有攻击线索"拔掉了瓶塞"，受挫者就特别容易大发雷霆，把愤怒“倒个底儿朝天”。有时瓶塞也可能在没有这些线索的情况下被打开。但是，正如我们将要看到的，与攻击有关的线索会放大这种攻击[58]。

伯科威茨等人[59]发现，看到武器就是这样一种线索。在一项实验中，刚玩过玩具枪的小朋友更愿意推倒另一个小朋友堆起的积木。在另一个实验中，相比附近只有羽毛球拍的情况，当附近有来复枪或者左轮手枪（被试以为这是上一个实验遗留下来的）时，愤怒的威斯康辛大学被试对给他们造成痛苦的人施加了更为强烈的电刺激[60]。枪支会启动敌对性想法和惩罚性的判断[61]。所见即所想。当一件武器被视为暴力工具而非娱乐用品时更是如此。比如，对于猎人来说，看到一把猎枪并不会启动攻击想法，但它对猎人以外的人却会有启动攻击的效应[62]。

在美国这个拥有3亿支私人枪支的国家，一半的谋杀是用手枪实施的，而家藏的手枪杀死家庭成员的可能性远高于杀死入侵者，对此伯科威茨并不感到惊讶。他认为：“枪支不仅使暴力成为可能，还可以刺激它的发生。手指扣动扳机，但扳机同样可以拉动手指。”

伯科威茨对禁止持有手枪的国家谋杀率较低同样不感到奇怪。英国人口为美国的1/4，但谋杀案只有美国的1/16。在华盛顿特区通过了限制人们持有手枪的法律后，与枪支有关的谋杀案和自杀事件都迅速降低了近25%。其他方式的谋杀和自杀案件并没有发生任何改变，附近城市的枪支犯罪也没有任何变化[63]。澳大利亚在1996年的大规模枪击事件后制定了更严格的枪支法并回购了70万支枪，与枪支有关的谋杀案件减少了59%，并且自那以后再也没有发生过大规模枪击事件[64]。2013年，美国死于枪支的人均比率最高的五个州分别是阿拉斯加州、路易斯安那州、阿拉巴马州、密西西比州和怀俄明州——所有这些州都有着更高的枪支拥有率和更不严格的枪支管制法律[65]。

枪支并不只是提供攻击线索，它们还拉大了攻击者和受害者之间的心理距离。就像米尔格拉姆的服从实验告诉我们的那样，远离受害者更助长了我们的残忍。刀可以杀人，但与远远地扣动扳机相比，持刀发动攻击需要更近距离的人身接触。

攻击的学习理论

基于本能和挫折的攻击理论认为敌意的冲动来自内在的情绪，这些情绪可以把体内的攻击欲望“释放”出来。社会心理学家指出，学习同样可以“引出”攻击。

攻击的回报

通过亲身经历和对别人的观察，我们了解到攻击通常是有回报的。实验可以把温驯的动物改造成凶残的好斗者。另一方面，严重的挫败则会导致顺从[66]。

同样，人也可以习得攻击的回报。儿童一旦成功地使用武力胁迫了其他儿童，就很可能会变得越来越有攻击性[67]。那些最常因为比赛中的粗野动作而被处罚的强攻击性曲棍球手比攻击性不太强的球手得分更多[68]。在加拿大青少年曲棍球手中，那些父亲赞同身体攻击性动作的选手显示了最富攻击性的比赛态度和风格[69]。据报道，在索马里海域，仅2008年交给海盗的赎金就超过1亿5千万美元[70]，这助长了更多的抢劫行为。在这些例子里，攻击是为了得到特定回报而采取的工具性手段。

恐怖主义活动同样如此，它们可以使无职无权的人得到广泛的关注。保罗·马斯登和莎伦·阿提亚[71]提到："自杀式爆炸袭击的主要目标不是那些受伤的人，而是那些通过媒体报道目睹这一切的人。"恐怖主义就是要通过媒体的放大效应，达到使人恐惧的目的。如中国古语所说："杀一儆百。"杰弗里·鲁宾[72]得出这样的结论，如果没有玛格丽特·撒切尔所谓的"公开宣传的氧气"，恐怖主义必然会消失。这就好比20世纪70年代经常发生的足球场裸奔事件，观众为了在电视上能有几秒钟的上镜时间而裸体跑入足球场。一旦广播电视网决定不再播出类似的事件，这一现象也就消失了。

观察学习

班杜拉[73]提出了攻击的**社会学习理论**（social learning theory）。他认为，人们不仅通过亲身体验攻击的回报来学习攻击，也可以通过观察别人来进行学习。像很多社会行为一样，我们通过观察别人的行为并注意其后果，从而习得攻击。

班杜拉所做过的实验中有这样一个场景[74]：实验者让幼儿园的一个小朋友做一项有趣的绘画活动，同时一个成年人在房里的另一个角落，那里有万能工匠（一种玩具）、一个锤子和一个充气人偶。在玩了一分钟万能工匠之后，成年人站起身，对充气人偶持续攻击了10分钟。她用锤子重重地砸它，踢它，把它扔来扔去，一边还大叫着："揍它的鼻子……把它打翻……踢它。"

目睹了这次突然爆发之后，小朋友被带到另一个屋子，里面有很多漂亮可爱的玩具。但在两分钟之后，实验者打断了小朋友说，这些是她最好的玩具，她必须"把它们留给别的小朋友"。受到挫折的小朋友现在到了另一个房间，里面有各种玩具，有的可用于攻击，另一些则不能，其中包括充气人偶和锤子。

如果小朋友没有看到成年人富于攻击性的示范，他们很少表现出攻击性的言语和行动。虽然有挫折感，他们仍然很平静地玩着。但那些观察到成年人攻击行为的小朋友则很可能拿起锤子击打玩具娃娃，这一现象的发生概率要比没看过的小朋友高出许多倍。对成人攻击行为的观察降低了他们对自己的抑制。而且，孩子常常重复示范者的动作和话语。观察到攻击行为不仅降低了孩子对自我的控制，还教给了他们怎样去攻击。

班杜拉[75]认为，日常生活中，我们受到来自家庭、文化和大众媒体的攻击性榜样的影响。身体富于攻击性的儿童往往有惯用体罚的父母，他们的父母用尖声训斥和拳打脚踢来管教他们，为他们树立了攻击的榜样[76]。这些家长的父母通常也喜欢体罚[77]。这样的惩罚行为可能升级为虐待，虽然受虐待的孩子日后并不一定变成罪犯或者虐待子女，但其中30%的人确实对自己的孩子实施了类似的虐待，这一比例是普通人群的4倍[78]。甚至更轻微的体罚，如打屁股，也与日后的攻击行为有关联[79]。暴力往往会滋生新的暴力。

家庭之外的社会环境也给我们提供了学习的榜样。在崇尚“男子汉气概”的社区里，攻击可以很容易地传递给下一代[80]。青少年帮派的暴力亚文化为新成员提供了攻击行为的榜样。在暴力风险相同的芝加哥青少年中，以前见到过枪击暴力的人，做出暴力行为的可能性是其他人的两倍[81]。

更广义的文化背景也有影响，来自非民主、贫富严重不均、尚武且参与过战争的文化背景的人，比起文化特征相反的人，更有可能表现得富有攻击性[82]。

理查德·尼斯比特[83]和多夫·科恩[84]探讨了亚文化如何影响对暴力的态度。他们报告，定居在美国南部的主要是来自苏格兰、爱尔兰的牧羊人，他们对羊群受到的威胁一直非常警惕，因此这里形成了一种“荣誉文化”，这种文化主张以牙还牙[85]。在走廊里被人挤了一下并听到对方低声辱骂之后，南方白人表达出更多的攻击想法，睾酮水平也急剧上升。北方白人则更容易觉得这样的相遇很有趣[86]。时至今日，在南方人居住的地区中，白人凶杀犯罪率要高于平均水平[87]。在崇尚“荣誉文化”的州，有更多的学生会携带武器去学校，这些州的校园枪击案是其他州的3倍[88]。

人们通过亲身经历和观察攻击性榜样两种途径习得攻击性的反应方式。但什么情况下会真的出现这种反应呢？班杜拉[89]认为，攻击行为是由挫折、疼痛、受辱等令人不快的体验所激发的，这些体验在情绪上把我们唤起。但我们是否真的选择做出攻击行为还取决于我们对结果的预期。当我们处于唤起状态，且攻击看上去比较安全甚至会带来好处时，我们最有可能进行攻击。

环境对攻击的影响

社会学习理论为我们提供了一种视角，从中我们可以考察影响攻击的特定因素。在何种条件下我们会表现出攻击行为？什么样的环境会触发我们的攻击行为？

痛苦的事件

研究者内森·阿兹林[90]做了一项实验，向笼中的大鼠足部实施电击。阿兹林想知道，切断足部电击，是否可以强化两只大鼠间的积极互动。他计划先对大鼠进行电击，一旦两只大鼠互相接近，就把带来疼痛的电流切断。但让他十分吃惊的是，这个实验任务是不可能完成的，因为一旦大鼠感觉到疼痛，马上就开始互相攻击，实验者根本来不及把电流切断。电击（和疼痛）越强烈，攻击就越猛烈。在多个物种中都发现了同样的效应，包括猫、乌龟和蛇。这些动物对目标没有选择性。它们会攻击本物种和其他物种的动物，甚至毛绒玩具和网球。

研究者还考察了其他原因引起的疼痛。结果发现，不光电击会引发攻击，强烈的炎热和“心理疼痛”——比如，一只饥饿的鸽子在训练过程中，只要啄一个圆盘就可以得到食物作为奖赏，这次却突然没有获得食物——都可以带来相同的反应。当然，这里的“心理疼痛”就是我们所说的挫折。

疼痛同样会提高人类的攻击性。我们每个人在头痛或者踢到脚趾之后，可能都曾有过那样的反应。伯克威茨和他的同事对此问题进行了研究。他们以威斯康辛大学的学生为被试，让他们把手放在一杯微热的水或者一杯冰凉刺骨的水中。结果，那些将手放在冰水中的被试报告感觉到更加急躁和烦恼，并且更愿意用令人难受的噪音去“轰炸”另一个人。基于这些结果，伯科威茨[91]认为，厌恶性刺激而非挫折才是敌意性攻击最根本的诱发因素。挫折当然是一类重要的不愉快事件。事实上，任何形式的令人厌恶的事件，比如希望破灭、人身侮辱、躯体疼痛等，都可以引起情绪的爆发，甚至沮丧状态造成的折磨也会增加敌意性攻击发生的可能性。

炎 热

令人不适的环境也会提高攻击倾向。令人厌恶的气味、香烟烟雾、空气污染都与攻击行为有着联系[92]，但得到最广泛研究的环境诱发因素还是炎热。威廉·格里菲特[93]研究发现，相比那些在适宜温度条件下回答问卷的被试，在炎热的房间里（高于32℃）完成任务的被试感觉更为疲惫，更富攻击性，对陌生人表现出更强的敌意。后续的实验发现炎热还会引发针对攻击或伤害的报复行为[94]。

真实世界里令人不快的炎热是否也会像在实验室中那样增加

人们的攻击呢？请看以下的材料：

- 当热浪侵袭亚利桑那州的凤凰城时，那些汽车里没有空调的司机更可能对熄火的车使劲按喇叭[95]。
- 有人对 1952 年以来的 57 293 场美国职业棒球大联盟的比赛进行了分析，结果显示，天气炎热时，击球手更可能被投手击中。与 15℃或温度更低时相比，当气温超过 32℃，且同队有三名击球手曾被对方击中时，投手击中对方击球手的可能性要高出近 50%[96]。这并不是因为精准度降低：投手并没有投出更多的四环球（也称“保送上垒”，棒球规则是如果投手投出四个坏球，击球员可以直接上到一垒；如果投手投

2014 年 8 月，密苏里州弗格森。在炎热的夏季，骚乱和抢劫更容易发生。

Scott Olson/Getty Images

让人感到压抑。被挤在公交车的后部，拥堵在缓慢移动的高速公路上，或者三个人挤在大学宿舍一个小房间里，都会削弱个体的控制感[100]。类似这样的体验是否会提高攻击性呢？

在封闭环境中过度繁殖的动物所承受的压力确实会增强它们的攻击性[101]。然而，我们恐怕很难从笼子里的老鼠或孤岛上的鹿的行为去推测城市中人的行为。不过，人口稠密的城市地区确实承受着较高的犯罪率和情绪困扰[102]。即使没有较高的犯罪率，生活在拥挤城市中的居民也可能会感到更恐惧。加拿大多伦多市的犯罪率比中国香港高 4 倍；但是与多伦多人相比，虽然中国香港相对安全（人口密度比多伦多高 4 倍以上），但香港人却报告说在城市街道上有更多的恐惧感[103]。

降低攻击

我们能降低攻击吗？我们来看看理论和研究为控制攻击提供了哪些方法。

宣泄假说成立吗

“年轻人应该学会排解他们的愤怒”，专栏作家安・兰德斯[104]建议道。精神科医生弗里兹・珀尔斯[105]也主张，如果一个人“压抑了自己的愤怒，我们就要找到一个出口。我们应该给他一个机会排遣愤怒”。2012 年，在暴力视频游戏被指与一起大规模枪击事件有关之后，一名游戏的捍卫者写道：“暴力视频游戏是不是可以作为攻击性的一个重要出口？也就是说，总体而言，这些游戏和‘暴力娱乐’让我们以一种安全的方式表达愤怒和攻击性”[106]。这样的说法都采取了“水压模型”，即聚集的攻击能量就像被大坝拦住的水，需要释放。

一般认为，**宣泄**（catharsis）的概念是由亚里士多德创造的。虽然亚里士多德实际上没有提到任何关于攻击的内容，但他确实提到，我们可以通过体验情绪来清除情绪，因此观看经典悲剧可以使怜悯和恐惧的情绪得到宣泄（“清除”）。他相信，让某种情绪兴奋，就是让那种情绪得到释放[107]。宣泄假设中释放情绪的途径，已经扩展到不仅仅包括观看戏剧，也包括回忆、重新体验往事、直接表达情绪以及各种行动。

在对宣泄假设的实验室检验中，布什曼[108]安排已被激怒的参与者击打沙袋，让其中一组参与者仔细回想惹自己生气的人，另一组则想象通过击打使自己的身体得到锻炼，并设置了不击打沙袋的控制组。当有机会向激怒他们的人施加巨大的噪音时，击打沙袋并进行回想的那组参与者感到更愤怒，并且最具攻击性。此外，什么都不做反而比通过击打沙袋“发泄怒火”能更有效地减少人们的攻击性[109]。发泄愤怒会导致更多的攻击，而不是更少。

一些真实生活情境的实验也得到了类似的结果。一项研究调查了经常访问“咆哮”网站的互联网用户，这些网站鼓励人们表

在网上发泄愤怒会减少还是增加攻击行为？研究发现这会增加攻击行为。

达自己的愤怒。有机会表达敌意会减少人们的敌意吗？并不会。他们的敌意和愤怒增加了，而快乐却减少了[110]。表达敌意会滋生更多的敌意。多项研究发现，加拿大和美国的足球、摔跤和曲棍球比赛的观众在观看了赛事之后表现出更多的敌意[111]。观看这些攻击性的比赛非但不能减少他们的愤怒，反而会增加他们的愤怒。正如布什曼[112]所指出的："通过发泄来减少愤怒，无异于用汽油来灭火。"

残忍的行为会引发残忍的态度。此外，人们也会为轻微的攻击行为找到正当的理由。人们贬低受害者，从而使进一步的攻击合理化。

报复从短期看可以减少张力，甚至带来快乐[113]，但从长期看却能激起更多的负性情绪。布什曼和他的同事发现，让被激怒的人击打沙袋，即便他们相信这样能够宣泄情绪，但效果是相反的——他们反而表现得更加残忍[114]。“这就像那个老笑话，”布什曼说道[115]，“怎么到卡耐基音乐厅？练习，练习，再练习。如何成为一个愤怒的人？答案是一样的，练习，练习，再练习。”（“怎么到卡耐基音乐厅？”这句话一语双关，可以理解为问路，也可以理解为寻问成功之道——译者注）

我们应该因此而禁锢愤怒和攻击的冲动吗？生闷气显然不是更好的办法，因为它让我们总是心中不平，反复念叨。幸运的是，我们可以用非攻击性的方法来表达我们的感受，并告知别人他们的行为是怎样影响了我们。在不同的文化情境中，那些能够把指责性的“你”信息重组成“我”的信息的人——“我对你说的话很生气”或者“我对你把脏盘子留在那里很恼火”——以一种能使别人更好地做出积极反应的方式交流他们的感受[116]。我们可以不采取攻击性的方式而仍然表现出强硬的态度。

社会学习视角

如果攻击行为是习得的，那么就有希望来控制它。让我们简单回顾一下影响攻击的因素并思考如何消除它们。

令人厌恶的体验如期望落空、人身攻击等都会导致敌意性攻击。所以，避免让人们形成错误的、不可达到的预期是明智的。预期的回报与代价会影响工具性攻击。这表明我们应该奖励合作性的非攻击行为。

在实验中，当照料者忽略儿童的攻击行为，并强化非攻击性行为时，他们的攻击性会降低[117]。而且，惩罚攻击者并不总是有效的。只有在惩罚措施严厉、及时且确定，威胁性惩罚与对期望行为的奖赏相结合，并且惩罚的对象不处于愤怒状态这样的理想条件下，威胁性惩罚才能阻止攻击[118]。

而且，惩罚的效果也是有限的。大多数杀人案都是冲动性的激烈的攻击，多是因争辩、侮辱或受攻击而引发的。如果这种致命的攻击是冷静的和工具性的，那么我们就能期望等到它发生之后，通过严厉惩治罪犯来杜绝此类行为。在那样的世界中，实行死刑的州谋杀率会低于没有死刑的州。但在真实的世界中，杀人多是一时冲动，情况就不同了[119]。如约翰·达利和亚当·阿尔特[120]提到的那样："相当数量的犯罪是冲动的个体所为，他们通常是年轻的男性，经常醉酒或嗑药，并且经常与类似的且同样

对孩子们进行霸凌教育和更密切地监控有助于减少网络霸凌。

没有头脑的年轻男子成帮结伙。”无怪乎他们说通过增加刑罚来减少犯罪被证明是徒劳的，而街头治安维护却逮捕了更多的人，产生了令人鼓舞的效果，比如在一些城市中持枪犯罪行为减少了50%。

所以我们必须在攻击发生之前阻止它。我们必须学会用攻击之外的手段来解决问题。心理学家桑德拉·乔·威尔逊和马克·利普西[121]综合了249项关于防止校园暴力项目的研究，发现了令人振奋的结果，尤其是针对特定“问题”学生的项目。在一个典型的学年内，学校中有过暴力或破坏行为的学生比例通常是20%。在教授解决问题的技巧、情绪控制策略和冲突解决方法后，这一比例降低到了13%。当家长和老师密切地监视孩子[122]或者对孩子进行什么样的行为被认为是霸凌的教育时[123]，霸凌行为（包括网络霸凌）减少了。其他项目则侧重于教授同理心，鼓励孩子们不要忽视霸凌[124]。

为了创造一个温和的世界，我们可以在孩子很小的时候就开始做出榜样并奖励敏感性和合作，比如可以通过训练家长用非暴力的方式管教孩子来达到此目的。一些训练项目鼓励家长强化期待的行为，积极地表达观点（“清理完你的房间以后，你就可以玩了”，而不是“如果你不清理你的房间，你哪儿也别去”）。一个“替代攻击项目”通过教给年轻人和他们的家长交流技巧，训练他们控制自己的愤怒并提高他们的道德推理水平，已经显著降低了青少年罪犯和帮派成员再次被捕的概率[125]。

如果观看攻击榜样能降低抑制和引起模仿，那么我们也可以减少媒体中那些残忍和不人道的描写，就像那些已被采取的减少种族主义和性别歧视描写的措施那样。我们也可以教育儿童，使其免受媒体暴力的影响。因为怀疑电视网络行业不会“面对现实并改变他们的节目”，埃伦和休斯曼[126]告诉170名来自伊利诺伊州奥克帕克的儿童：电视描述的世界是不真实的，攻击并不像电视说的那样常见和有效，实际上，攻击行为是不可取的（他们利用态度研究中获得的知识，鼓励儿童自己做这些推理，从而把对电视的批评归因为自己的信念）。在两年后的再次研究中，这些孩子比没有受过训练的孩子受电视暴力的影响要小。在后来的一项研究中，斯坦福大学的研究者用了18个学时来说服儿童减少看电视和玩视频游戏的时间[127]。孩子们看电视的时间下降了1/3，而且他们在学校的攻击行为相比控制组儿童下降了25%。甚至用音乐来示范正确的态度也有助于减少攻击：随机分配德国学生听不同的音乐，与听中性音乐的学生相比，那些听亲社会音乐（如《天下一家》和《帮助》）的学生表现出更少的攻击行为[128]。

类似这样的建议可以帮助我们减少攻击。但是，考虑到攻击原因的复杂性和控制它们的难度，谁还能感受到安德鲁·卡内基所表达的乐观态度呢？他曾预言：在20世纪，“杀人会被认为是恶心的，正如今天的我们认为吃人是令人恶心的一样。”自从他在1900年发表上述言论以来，已经有2亿人被杀了。这真是一个令人悲伤的讽刺——尽管今天我们比以往任何时候都更理解人类的攻击行为，但是人性中的残暴却依然如故。

文化改变和世界暴力

然而，文化是可以改变的，正如科学作家纳塔莉·安吉尔所言："北欧海盗曾烧杀抢掠，而他们在瑞典的后裔近 200 年来却没有打过一次仗。"事实上，就像心理学家史蒂芬·平克[129]所记载的，所有形式的暴力，包括战争、种族灭绝和谋杀，近年来都比过去的时代要少。我们已经从掠夺邻近部落发展为经济上相互依存，从过去 600 多年间西欧国家每年发动两次战争到最近 70 年内零战争。令人惊讶的是——平克提醒那些热衷现代英国谋杀推理小说的人——"现代英国人被谋杀的可能性要比中世纪时低 50 倍"。除美国外，其他西方国家大都废除了死刑。美国也不再将死刑用于处置巫术、造假和盗马等罪行。事实上，在美国，攻击性和暴力行为如私刑、仇恨犯罪、强奸、体罚以及反同性恋态度和同性恋恐吓等都在减少或消失。

他总结说，我们要感谢"文明制度和启蒙运动（经济贸易、教育、政府监管和司法）让这一切得以实现"。

4

媒体会影响社会行为吗

观看暴力内容或者扮演暴力角色会对攻击行为产生额外的影响吗？也许是因此引发了模仿，也许是因此对攻击行为不再那么敏感，抑或是因此改变了他们对现实的感知？通过研究观看者对色情、电视暴力和暴力视频游戏的反应，我们可以对此有所了解。

色情与性暴力

在当今的美国，色情行业的规模大于职业橄榄球、篮球和棒球的总和。每年花在有线和卫星网络电视、影院和按次付费的电影、酒店的室内电影、色情电话服务、色情杂志以及色情网站上的金额高达130亿美元[1]。色情作品可以在互联网上轻易获取，更加助长了色情作品的流行。最近一项针对18~26岁美国男性的调查显示，87%的男性承认自己每月至少观看一次色情作品，近半数男性每周至少观看一次。但是，仅有31%的女性报告自己曾观看过色情作品[2]。年轻、不太信仰宗教、性伴侣较多的男性更常使用色情作品。1993—2010年间，美国男性对色情作品的使用越来越多[3]。社会心理学对色情作品的研究，重点关注的是其对性暴力的描写，这在最近流行的成人视频中很常见[4]。在典型的性暴力场景中，一个男人强迫一个女人与他发生性行为。最初她会抵抗，并试图击退袭击她的人。但渐渐地，她被性唤醒并停止了抵抗。最后她完全进入了愉悦状态，不断地要求更多。我们都看过或者阅读过对这一场景的非色情描写：她反抗，他强行。风度翩翩的男人抓住并强吻抗拒的女人。不一会儿，女人本来一直推搡着男人的手开始紧紧地抓住他，她的反抗被释放的激情所压倒。当然，问题在于女性对强奸的反应并非如此。

社会心理学家提出，观看这样的虚构场景（一个男人征服一个女人，并激起她的性兴奋）将会：（1）扭曲男人（或许还有女人）对女人遭受性胁迫时真实反应的认识；（2）助长男人对女人的攻击。

对性现实的扭曲理解

观看性暴力是否会强化所谓“强暴谬论”：女性乐于受到性

侵犯，并且女性在说“不要”的时候并非真的意味着“不要”？研究者们发现，“强暴谬论”的接受度与看电视频率之间存在相关[5]。为了用实验方法探究这种关系，马拉默斯和切克[6]给曼尼托巴大学的男生观看两部与性无关的电影，或观看两部描写性的电影（一个男人成功强迫一个女人与他发生性行为）。一周之后，再参与另外一个主试的实验，那些看过轻度性暴力电影的参与者更容易接受针对女性的暴力行为，当他们被这类电影唤起时尤为如此[7]。

其他研究也证实，接触色情作品会增强人们对“强暴谬论”的接受度[8]。例如，连续看了三天性暴力的电影后，男性参与者对强奸和砍杀的焦虑水平逐渐降低[9]。与其他没有观看这种电影的参与者相比，他们对家庭暴力的受害者表现出更少的同情，对受害者受伤害程度的估计偏低，甚至在看过电影三天之后仍是如此。事实上有研究者指出，如果一个邪恶的人想要让人们对受到折磨与摧残的女性无动于衷，那么还有什么方法比给人们看暴力逐步升级的影片效果更好呢[10]？

针对女性的攻击

有证据表明，色情作品也会导致男性对女性的实际攻击。相关研究提出了这种可能性[11]。在巴西的大学男生中，那些消费更多色情作品的人在性方面更具攻击性[12]。在美国的大学男生中，即使在控制了其他反社会行为的预测因素（如一般性敌意）之后，高色情消费仍然可以预测性攻击[13]。对10~15岁的男孩和女孩的调查显示，即使在控制了诸如性别、攻击特质和家庭背景等因素后，那些看过包含暴力色情内容的电影、杂志或网站的孩子，对他人实施性攻击（定义为“违背对方意志与其发生接吻、抚摸或其他与性有关的行为”）的可能性提高了6倍[14]。

加拿大和美国的性罪犯普遍承认观看过色情作品。因在网络上传播儿童色情作品被捕的155名男性中，85%的人承认自己曾至少骚扰过一名儿童，平均每名罪犯骚扰过13名儿童[15]。反之亦然：强奸犯、连环杀手和儿童性骚扰者报告的色情作品使用频率也特别高[16]。

特德·邦迪（1989）在因为一系列奸杀案而被处决的前晚发表了如下评论：“色情作品中最有破坏性的是性暴力。就像上瘾，你不断地渴望得到某种更难得到的东西，这种东西能给你带来更兴奋的感觉。等你看到了色情作品所能达到的极致，这时候你会开始想：也许真正去做会给你带来超越阅读和观看所能带来的快感。”这是承认色情作品的毒害，还是一种自我开脱？

但也许并非是色情作品导致暴力，而是有暴力倾向的人更喜欢暴力色情作品。为了排除这一可能的解释，我们必须进行实验，例如，随机指定一些人观看暴力色情作品。在这样一个实验中，实验者让威斯康辛大学的120名男生分别观看一部中性、色情或色情暴力（强奸）的影片。然后，这些男生作为“另外”一项实验中的参与者，需要“教”一名男性或女性同伴学习一些无意义音节，并在对方给出错误答案时选择实施不同强度的电击。看过强奸影片的男生给予同伴显著更强烈的电击，尤其是当他们感到愤怒或者对方是女生的时候[17]。21位社会科学领域的领军者对这方面的实验结果做了总结，并达成共识：“接触暴力色情作品会增加对女性的惩罚行为”[18]。

如果你为此类实验涉及的伦理问题而担忧，那么请放心，这些研究者已经考虑到了他们给予参与者的这些体验可能引起的争议及其影响。实验必须是在参与者知情同意的情况下才能进行。而且实验完成后，研究者会揭穿影片中传达的任何荒谬说法[19]。另一项实验则在设计上巧妙避免了伦理问题，该实验要求经常观看色情作品的大学生戒除色情作品一个月。与其中那些只是被要求放弃自己喜欢的一种食物的人相比，停止观看色情作品的人的攻击性变得更低了[20]。

电视和互联网

我们已经知道，观看一个攻击榜样对玩偶的攻击行为会引发孩子的攻击欲望，而且会教唆他们实施攻击的新办法。我们也知道，在看过性暴力影片后，很多愤怒的男性会对女性更加暴力。那么日常生活中看电视是否会有类似的效应呢？

在今天的大多数工业化国家中，基本上每个家庭都有电视机（如在澳大利亚，电视机的普及率为 99.2%）。2009 年，美国平均每个家庭拥有 3 台电视机，这就部分地解释了当被问到孩子在看什么电视节目时，家长和孩子往往会给出不同的回答[21]。如今，在一些家庭中，每个家庭成员都有自己的平板电脑，这让父母更加难以监控孩子使用媒体的情况。

在美国家庭中，电视机平均每天开 7 个小时，青少年平均看 3 个小时，成年人则是 6 个小时[22]。青少年因为更频繁地在手机

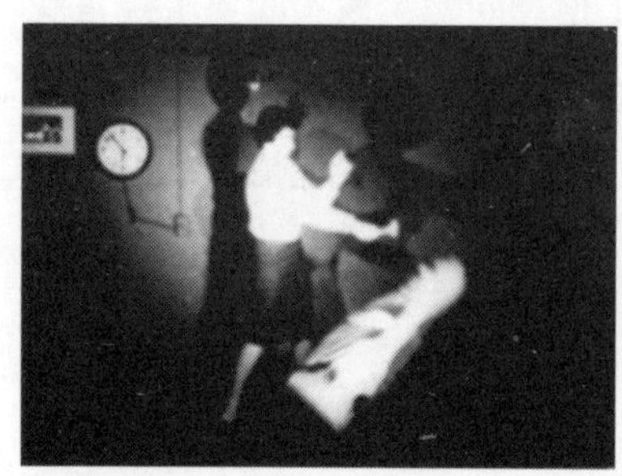

有样学样。在班杜拉的经典实验中，观察到成年人对玩具娃娃进行攻击的儿童更倾向于表现出相同的行为。

上看视频而缩小了这一差异。由于数字视频录像（DVRs）系统的出现，人们能够随意“时移”播放他们想看的电视节目，2011年美国人看电视的时间比以往任何时候都多[23]。

总之，电视发射的电磁波吸引了孩子的眼球，以至于他们看电视的时间甚至多于花在学业上的时间。实际上，比花在任何一项清醒状态下的活动上的时间都多。到 18 岁时，平均每个孩子在电视中看了 16 000 件谋杀案和 20 万种其他的暴力行为[24]。对 2012—2013 年间播出的电视剧进行内容分析发现，每 3 分钟就有一把枪、刀或剑出现在屏幕上。在 2012 年秋季观看了四集《犯罪心理》的孩子们，平均每集要看到近 53 起暴力行为——每隔 1 分零 8 秒就有一起[25]。社会性攻击（如霸凌和社会排斥）也同样频繁地出现。在 2~11 岁的孩子最喜爱的 50 个电视节目中，92% 的节目至少表现了一些社会性攻击。这类霸凌行为通常出自一个有魅力的行凶者，而且还被描绘得非常有趣，行凶者既没有得到奖励也没有受到惩罚[26]。

媒体对行为的影响

观众会模仿暴力榜样吗？孩子学着扮演电视暴力的例子比比皆是。其中既有 13 岁的男孩模仿其在电视上看到的摔跤动作而杀死了 5 岁的妹妹[27]，也有一个印度男孩死于他的哥哥模仿他们在漫画中看到的绞刑[28]。

观看媒体与行为之间的关联

犯罪故事不能算科学的证据。因此，研究者用相关和实验研究来检验观看暴力节目的效应。一种经常用于学龄儿童的技术可以用来检验观看电视与攻击性是否相关。结果常常发现：一个儿童看的电视节目中包含的暴力内容越多，其攻击性也越高[29]。例如，对 1 715 名德国青少年进行的一项纵向研究发现，即使控制了其他重要因素，那些观看暴力媒体越多的青少年，两年后也越具有攻击性[30]。这种相关不强，但在美国、欧洲和澳大利亚都有一致的发现。而且还延伸到了社会攻击领域。经常观看以散布流言、背后中伤和社会排斥为主题节目的英国女孩，会更经常地表现出此类行为[31]；伊利诺斯州的小学女生在看过带有社会攻击性的节目之后也是如此[32]。

由此,我们是否能够得出结论:观看暴力电视会助长攻击呢?也许你已经在想：因为这是一个相关研究，反方向的因果关系也可能成立——或许是攻击性强的儿童喜欢暴力节目。还可能是某些潜在的第三变量（如低智商），使得有些儿童既喜欢暴力节目同时又表现出较多的攻击行为。

研究者们发展了两种方法来检测这些可能的解释。他们用统计方法排除某些因素的影响，以减少潜在的第三变量。例如，威廉·贝尔森等人[33]对 1 565 个伦敦男孩进行了研究。与那些没观看多少暴力节目的孩子相比，看了大量的（尤其是现实中的而不是动画中的）暴力节目的儿童，承认在过去 6 个月中做出的暴力行为要多 50%。贝尔森还检验了 22 个可能的第三因素，比如家庭规模。在控制了这些第三因素后，“重度”和“轻度”暴力观看者之间仍然有差异。所以他推测，重度观看者的确是因为看的电视而变得更加暴力。

类似地，伦纳德·埃伦和罗厄尔·休斯曼[34]对 875 名 8 岁儿童的研究发现，即使在统计上剔除了一些明显可能的第三因素后，观看暴力内容也与攻击性存在相关。而且，当这些人 19 岁时再次对其进行研究，结果显示：8 岁时观看暴力内容，能够中度预测他们在 19 岁时的攻击性；而 8 岁时的攻击性并不能预测 19 岁时观看暴力内容的多少。攻击行为在观看暴力内容后出现，但是反过来却不能成立。此外，到了 30 岁，童年时看暴力内容最多的人被判有罪的可能性更大。另一项纵向研究追踪了 1 037 名新西兰儿童，从 5 岁追踪到 26 岁。他们发现，花更多时间看电视的儿童和青少年，在成年早期更有可能被判有罪，被诊断为反社会人格障碍，且具有高攻击性的人格特质。即使研究者控制了可能的第三变量，如性别、智商、社会经济地位、之前的反社会行为记录和教养方式，情况也是如此[35]（见图 4-1）。研究者并不是说每个观看暴力媒体的人在现实生活中都会变得具有攻击性，而是发现这是攻击行为的多个风险因素之一。除此之外，还有家庭问题、性别以及成为他人攻击的受害者等因素。然而，即使考虑了这些因素，接触暴力媒体也是一个重要的预测因素[36]。

现在，很多人花在电脑前的时间多于看电视的时间。在观看暴力内容方面，互联网比电视有更多样化的选择，包括暴力视

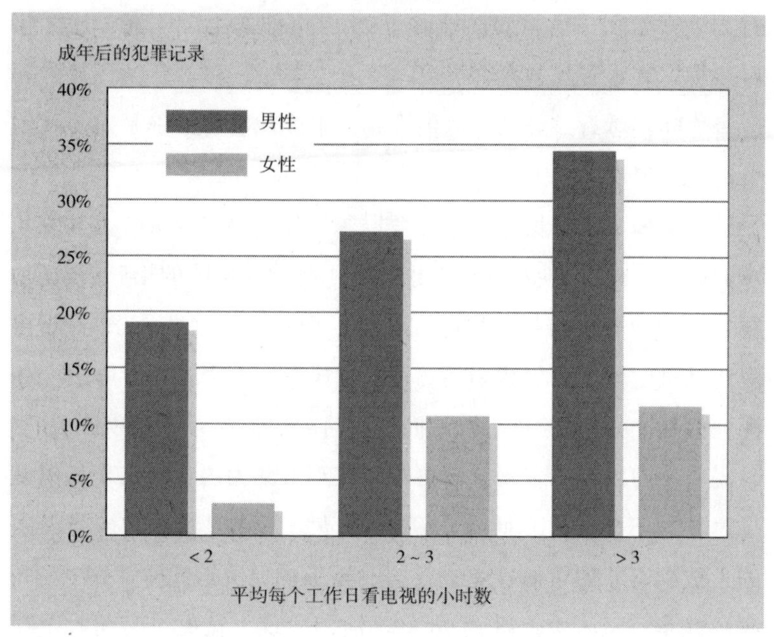

图 4–1　儿童看电视的时间与成年后的犯罪行为。5~15 岁时看电视的时间可以预测其到 26 岁时的犯罪记录。

频、暴力图片和仇恨团体网站[37]。人们还可以利用网络自己制造并传播暴力视频，通过电子邮件、即时消息或社交网站来霸凌他人[38]。在对欧洲青少年的调查中，1/3 的人报告曾在网上观看过与暴力或仇恨相关的内容[39]。在美国年轻人中，那些频繁访问暴力网站的人，报告曾参与暴力行为的可能性是其他人的 5 倍[40]。

其他研究用不同的方法证实了上述结论，包括：

- 8 岁时观看暴力内容可以预测其成人时对配偶的虐待行为[41]。
- 青少年观看暴力内容可以预测其之后参与斗殴、抢劫和威胁恐吓等行为[42]。
- 小学生观看暴力媒体的多少，可以预测其 2~6 个月后打架的频率[43]。

在上述这些研究中，研究者都谨慎地控制了可能的“第三因素”，如智力或敌意。然而，仍然有无数种潜在的变量可能造成了看暴力节目与攻击行为之间纯属偶然的联系。幸运的是，实验方法可以控制这些无关的因素。如果我们随机安排一些人观看一个暴力电影而另一些人看非暴力电影，之后两组在攻击行为上表现出来的任何差异，都可归因于他们之间唯一不同的因素，即他们观看的内容。

观看媒体的实验研究

在班杜拉和沃尔特斯[44]所做的开拓性实验中，有时，不是让幼儿现场观看成人重击一个充气人偶，而是给幼儿看这一场景的影片，发现两者产生了几乎一样的效果。之后，伯科威茨和盖恩[45]发现，观看了一部暴力电影的大学生比观看一部非暴力电影的大学生，在被激怒后表现出更强的攻击性。已有 100 多项研究证实了观看暴力内容会增强攻击性的结论[46]。

在一项实验中，女大学生被随机分配观看一部电影的片段，或是有关身体攻击的电影（《杀死比尔》），或是有关关系攻击的电影(《贱女孩》),或是非攻击性的电影(《危机四伏》,即控制组)。与控制组相比,那些看了攻击性电影的人对一个无辜的人更有攻击性,在其耳机里大声播放让人不适的噪音。她们也更具有内隐的攻击性,给另一个惹恼她们的参与者(实际上是实验者同谋)更多负面评价[47]。阅读有关身体攻击或关系攻击的文章也得到了同样的结果[48]。与之类似,多尔弗·齐尔曼和詹姆斯·韦弗[49]让男性和女性被试连续4天观看暴力或非暴力的电影。第5天,当他们参与另外一项研究时,那些看暴力影片的人对研究助手表现出了更多的敌意。一些观看以社会攻击为主题情景喜剧的五年级学生(与观看对照节目的学生相比),更有可能在同意参加学校比赛时,拒绝来自其他群体的学生加入他们的队伍[50]。

这些实验激发出的攻击并不是袭击和殴打,它更多地表现在午餐排队时推搡、出口伤人以及威胁性动作这些方面。无论如何,这些证据的一致性还是令人吃惊的。"不可辩驳的结论是,"美国心理学协会青年暴力委员会1993年如是表述,"观看暴力节目导致了暴力的增加。"这对于那些有攻击性倾向的人,以及一个有魅力的人实施有正当理由的暴力而不受惩罚,也不会造成什么明显痛苦和伤害时尤为如此[51]。当然,这种描述与电视和电影中出现的许多暴力行为是一致的。

总而言之,布拉德·布什曼和克雷格·安德森[52]总结道,媒体影响攻击的证据,现在可以说是"压倒性的"。美国心理健康研究所有一个由媒体暴力方面的主要研究者组成的工作组,他们得出了一个共识:研究的基础是广泛的,方法是多样的,而总的研究结果也是一致的[53]。“我们深入总结了已有的研究……发现有明确的证据显示，观看媒体中的暴力，无论当下还是长期，均会增加攻击行为和暴力行为的可能性。”

为什么观看媒体会影响行为

鉴于相关研究与实验研究结论的一致性，研究者探索了为什么观看暴力内容会有这种效果。考虑三种可能性[54]。其一是观看暴力内容造成的*唤醒状态*[55]。如前所述，唤醒状态容易产生“溢出效应”：一种类型的唤醒会引发其他类型的行为。

另一些研究显示，观看暴力会产生*去抑制*。在班杜拉的实验中，成人对充气人偶的重击似乎使这种发泄方式合理化了，从而降低了儿童的抑制。观看暴力内容通过激活与暴力关联的想法，进而引发了观众的攻击行为[56]。听歌词中含有性暴力的音乐似乎也有类似的效果[57]。

媒体内容也会引起*模仿*。班杜拉实验中的儿童模仿了他们之前看到的特定行为。商业电视业对电视导致观众模仿他们看到的行为难辞其咎：它的广告商引导和塑造了消费。然而，媒体的高管们争辩说，电视只是对这个暴力社会的镜像反映，艺术是对生活的模仿，因此胶片上的世界向我们展示了真实的世界。这些说法正确吗？事实上，电视节目中，攻击行为远远超出关爱行为，二者比例为 4:1。同样，电视在其他方面也塑造了一个不真实的世界。

不过这里也有好消息。如果电视上塑造的关系模式和问题解

长时间看电视的人会认为世界是个危险的地方。

决方式真的引发了模仿，特别是在年轻的观众中，那么塑造**亲社会行为**（prosocial behavior）对社会将是有益的。一个帮助他人的角色（比如朵拉或玩具小医生；美国家喻户晓的动漫人物——译者注）能够教给孩子亲社会行为。

在一项研究中，研究者[58]让学龄前儿童每天观看一集《罗杰斯先生的邻居》（这个节目旨在促进幼儿的社会性和情绪发展），作为幼儿园活动的一部分，共持续4周。在观看电视期间，来自受教育程度较低的家庭的孩子变得更具合作性，更乐于帮助他人，更愿意表达自己的感受。在随后的研究中，幼儿园的孩子看了4集《罗杰斯先生的邻居》后，不论是在测试还是游戏中，都更容易说出节目中的亲社会内容[59]。

另一种媒体影响：视频游戏

金泰尔和安德森认为，科学界关于媒体暴力对人们是否有影响的争论"已基本平息"[60]。研究者现在将注意力转向了视频游戏。视频游戏在青少年中非常受欢迎，而且可能极为暴力。金泰尔和安德森指出，教育研究表明"视频游戏是一种良好的教学工具。如果健康的视频游戏能够使人们学会健康的行为，模拟飞行的视频游戏可以教会人们如何飞行，那么，人们从模拟谋杀的暴力游戏中又会学到什么呢？"

自从1972年推出第一个视频游戏以来，我们已经从电子乒乓游戏发展到各种充斥着暴力的游戏[61]。2008年的一项调查显示，12~17岁的青少年中，97%的人报告说他们玩视频游戏，一半的人前一天刚玩过。其中很多游戏都具有暴力性，半数青少年说自己玩过第一人称射击游戏，例如《光晕》或《反恐精英》，2/3

的人玩过经常涉及暴力内容的动作游戏，例如《侠盗猎车手》[62]。年龄更小的儿童也玩暴力游戏。在一项对四年级学生的调查中，59% 的女生和 73% 的男生报告说，暴力游戏是他们最喜欢的游戏[63]。

金泰尔[64]指出，在一款名为《侠盗猎车手：圣安地列斯》的流行游戏中，玩家被邀请扮演一个精神病患者。“你可以用车碾轧行人，可以劫车，可以一边开车一边射击，还可以跑到红灯区接上一个妓女，在你的车里与她性交，然后把她杀了，拿回你的钱。”在逼真的 3D 画面中，你可以把人打翻，狠狠踩踏，直到他们吐血，然后看着他们死去。

视频游戏的影响

在几起大规模枪击事件中，青少年杀手在现实中实施了他们经常在屏幕上玩的恐怖暴力行为，这加剧了人们对暴力视频游戏的担忧。2012 年，亚当·兰扎在康涅狄格州桑迪胡克小学枪杀了 20 名一年级学生和 6 名教师，他沉迷于《使命召唤》这类战争游戏[65]。2013 年，一名 8 岁男孩在玩《侠盗猎车手 IV》后，开枪打死了一名 90 岁的老妇人[66]。人们不禁要问：年轻人从无尽的袭击和肢解他人的角色扮演中究竟习得了什么？一些挪威商店从货架上撤下了暴力游戏，以此来回应 2011 年一名游戏成瘾者枪杀青少年的事件，这一举动能否有所成效[67]？

大多数烟民都不会死于肺癌，大多数受过虐待的儿童也没有变成虐待狂。大部分花了几百个小时演练人类屠杀场景的人，其实过着温文尔雅的生活。这让暴力游戏的支持者可以像烟草和电视行业的得利者一样，声称自己的产品是无害的。交互式数字软件协会主席洛温斯坦[68]辩称："没有任何证据证明，玩暴力游戏会导致攻击行为！"

金泰尔和安德森却给出了一些理由，证明玩暴力游戏可能比观看暴力电视更有害。在玩游戏时，游戏者：

- 认同并扮演一个暴力角色；
- 积极地演练暴力行为，而不是被动地观看；
- 参与暴力实施的全过程——选择受害者，购买枪支弹药，跟踪目标，进行瞄准，扣动扳机；
- 参与持续的暴力和攻击威胁；
- 不断地重复暴力行为；
- 从暴力行动中获得奖赏。

基于上述原因，军事组织经常让士兵们玩模拟攻击游戏来为战斗中的射击做好准备。

但是，玩暴力视频游戏的人是否会把暴力行为延续到游戏之外呢？有人可能会反驳说："我玩暴力视频游戏，但我并没有攻击性。"正如专栏作家罗杰·西蒙[69]针对媒体暴力会导致现实攻击行为的研究发现所写的："这一结论令我迷惑不解。我是玩玩具枪长大的，但我从来没有用枪射击过任何人（尽管我觉得很多人该挨枪子)。”这种说法很常见，其问题在于，一个单独的个案并不能证明什么，它不属于科学研究。更好的方法是对大样本的人群进行调查，看看通常情况下暴力视频游戏是否会增加攻击行为。

这类研究表明，一般来说，玩暴力视频游戏确实会在游戏之外增加攻击性行为、攻击性思维和攻击性情绪。克雷格·安德森及其同事[70]综合了包括130 296名参与者的381项研究后发现，玩暴力视频游戏增加了儿童、青少年和年轻人的暴力行为，北美、日本和西欧的研究都一致得出这一结论，并且三种研究设计(相关研究、实验研究和纵向研究)结论也一致。这意味着，即使参与者是随机分配的，与非暴力视频游戏相比，暴力游戏也会导致攻击行为。这可以排除有攻击性的人更喜欢玩攻击游戏的可能。例如，在一个实验中，随机分配法国大学生玩一个暴力视频游戏(《死刑犯2》《使命召唤4》或《杀戮俱乐部》)，或者玩非暴力视频游戏(《SBK世界超级摩托车锦标赛》《尘埃2》或《完美机车》)，每天玩20分钟，持续3天。与玩非暴力游戏的人相比，那些被随机分配去玩暴力游戏者，在一个无辜者的耳机里播放烦人噪音的时间会更久，音量也更大，而且他们的攻击性每天都在增加[71]。纵向研究对人们进行长期追踪，也得出类似结论：在德国青少年中，今天玩暴力视频游戏可以预测以后会有更多的攻击行为，而今天有攻击行为却不能预测未来会玩更多的暴力视频游戏[72]。

玩暴力视频游戏产生如下的一系列效应：

- *增加攻击性行为*。玩过暴力游戏之后，儿童和青少年在与同伴玩耍时会表现出更多的攻击性，与老师会发生更多的争执，会参与更多的打架。无论是自我报告，还是教师或家长报告，无论是实验室内还是实验室外，均发现了这一效应。原因如图 4-2 所示，即使是在敌意较低的青少年中，暴力游戏的重度玩家参与打架的百分比是他们不玩游戏的同伴的 10 倍。当他们开始玩暴力游戏之后，先前没有敌意的孩子变得更喜欢打架[73]。在日本也一样，学年开始时玩暴力视频游戏，可以预测学年结束时的身体攻击性，即便控制了性别和先前的攻击性等因素之后，仍然有这样的结果[74]。
- *增加攻击性思维*。在玩了一场暴力游戏后，学生们更有可能猜测刚刚被追尾的司机会使用攻击性的方式做出回应，如侮辱性语言、踢打车窗或打架等[75]。那些玩暴力游戏的人也更可能有敌意归因偏差——他们预期别人在被激怒时会用攻击

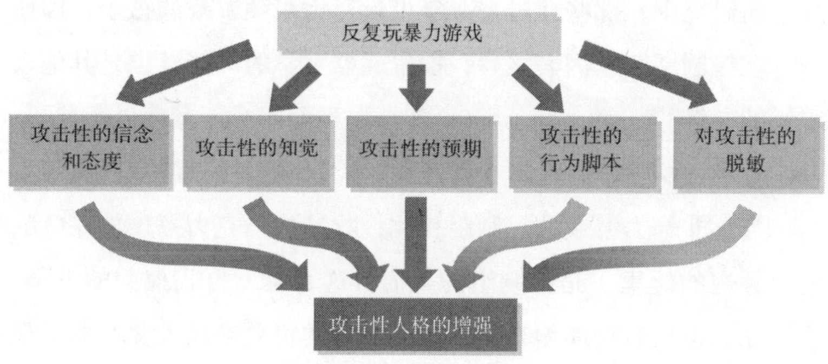

图 4–2 暴力视频游戏对攻击性倾向的影响[76]。

性的方式行事，而且这种偏差越大，他们自己的行为就越具有攻击性。研究者总结说，那些玩暴力游戏的人透过“血色眼镜”来看待世界[77]。

- 增加攻击性情绪。包括敌意、愤怒或报复情绪。玩过暴力视频游戏的学生，比那些看别人玩这个游戏的录像或看一部暴力电影的人，有更多的攻击性想法和情绪。这表明暴力视频游戏比其他暴力媒体更能增强攻击性。最有可能的原因是，当人们玩视频游戏时，他们确实在用攻击性的方式行事，而不仅是被动的观察者[78]。那些被随机分配玩暴力视频游戏的人，也比那些玩亲社会游戏或中性游戏的人感到更不快乐[79]。
- 使大脑产生习惯化。与那些不玩暴力游戏的人相比，经常玩暴力游戏的人的大脑对负面图像的反应不再那么强烈。显然，他们的大脑已经习惯了暴力，他们的反应也变得麻木了[80]。
- 携带武器的可能性更大。在美国一项针对 9~18 岁孩子的纵向研究中，那些在过去一年里玩暴力视频游戏的孩子，即使在控制了第三因素之后，携带武器上学的可能性也是其他人的 5 倍[81]。
- 自我控制下降，反社会行为增加。玩暴力视频游戏的高中生与玩非暴力游戏的控制组相比，吃掉的巧克力豆（放在电脑旁边的碗里）是控制组的 4 倍，这表明了自我控制的下降。他们也更有可能偷东西，他们拿走的可兑换诱人奖品彩券显著地比其挣到的要多[82]。一项相关研究发现，玩暴力视频游戏的年轻人更有可能盗窃、破坏财物或贩卖毒品[83]。

- 减少对他人的帮助和同理心。随机分配学生玩暴力或非暴力视频游戏，随后让他们“无意中”听到喧闹的打斗声，最后一个人扭伤了脚踝，痛得在地板上打滚。平均来说，刚玩过暴力游戏的学生超过 1 分钟后才去帮助受伤的人，这一时间约为玩非暴力游戏学生的 4 倍[84]。

人们在玩暴力视频游戏之后，变得更倾向于利用同伴，而不是信任或与之合作[85]。他们变得对暴力脱敏，显示出与情绪相关的脑区活动减少[86]。格雷特米尔和麦克莱锡[87]对一种特殊的脱敏进行了研究，即“不把别人当人看”。在英国大学生中，被随机分配玩暴力视频游戏的人，更可能用非人类的词语描述侮辱过他们的人。他们越不把对方当人看，就越具有攻击性。

此外，玩的游戏越暴力，这种效应越大。游戏越血腥（例如，在《真人快打》游戏玩家的实验中提高血腥程度的设定），玩家之后所产生的敌意和唤醒水平就越高[88]。更具真实感的游戏，即其中的暴力行为更有可能在现实生活中发生，引发的攻击性情绪也更强[89]。虽然还有待进一步的研究，但目前这些研究结果是对宣泄假说的挑战。宣泄假说认为，暴力游戏可以让人们以一种安全的方式表达自己的攻击倾向，“发泄出他们的愤怒”[90]。宣泄假说的批评者则认为，暴力实践滋生和助长了暴力，而不是减少了暴力。然而，认为暴力游戏可以宣泄愤怒情绪，又恰是暴力游戏吸引愤怒者的最大因素之一[91]。但不幸的是，该理论的批评者指

玩暴力视频游戏是宣泄还是毒害？或者两者都不是？实验提供了一些答案。

出，用这种方式宣泄愤怒可能事与愿违，暴力游戏会让愤怒升级，并导致更多的攻击行为。

2005 年，加州参议员利兰·伊（Leland Yee）提议立法禁止向 18 岁以下的少年儿童出售暴力视频游戏。该法案被签署成为法律，但视频游戏制造商马上提出上诉，法案最终未能生效。2010 年，美国最高法院审理此案，100 多名社会学家签署了一份声明来支持该法律。他们写道："总的来说，研究数据表明，玩暴力视频游戏会导致实施攻击行为的可能性增加。"2011 年，最高法院撤销了该法律，主要引用了宪法第一修正案对言论自由的保障，但同时也表达了对"玩暴力视频游戏和未成年人受到实际伤害这二者之间存在直接因果关系"这一研究结论的怀疑[92]。

弗格森和基尔伯恩[93]向最高法院递交了一份声明，对加州这项限制暴力视频游戏的法律提出了批评。他们指出，1996—2006年间，尽管暴力视频游戏的销售量不断增长，但现实中的青少年暴力事件却在减少。弗格森和基尔伯恩还提出，暴力视频游戏对攻击行为的影响很小，仅有少数玩暴力视频游戏的人会在现实中表现出攻击行为。作为回应，安德森及其同事[94]指出，暴力视频游戏的影响要大于石棉和二手烟对肺癌的影响。他们指出，的确，并非每个接触石棉和二手烟的人都会得癌症，但它们仍被认为危害公共健康。

此外，也有研究者认为，电子游戏并不都是有害的，因为并非所有游戏都包含暴力情节，甚至暴力游戏也有助于提高手眼协调能力、反应速度、空间能力和选择性注意能力[95]。而且玩游戏有一种专注的乐趣，可以帮助人们满足对能力感、控制感和社会联结感的基本需要[96]。然而，一项随机分配6~9岁的男孩获得一个游戏系统的实验发现，他们在随后几个月里平均每天花40分钟玩游戏。其负面影响在于，与没有获得游戏系统的控制组儿童相比，这些孩子花在学习上的时间减少，阅读和写作的得分更低[97]。

那么，玩亲社会游戏会有怎样的影响呢？在这类游戏中，人们互相帮助，这在概念上与暴力游戏刚好相反。新加坡、日本和美国的三项儿童和成人研究显示，玩亲社会游戏的人，在现实生活情境中有较多的帮助、分享和合作行为[98]。被随机分配玩亲社会游戏的德国学生，与玩中性游戏的学生相比，更少对侮辱过他们的人进行身体和社交攻击[99]。正如金泰尔和安德森[100]总结的那样，“电子游戏是绝好的老师”。教学游戏教会孩子阅读和数学，亲社会游戏教给孩子亲社会行为，而暴力游戏则教给孩子暴力。游戏教给我们什么，我们就做什么，无论是帮助还是伤害。

作为一位有社会关怀的科学家，安德森[101]向家长呼吁，父母应该关注孩子正在消费什么媒体产品，至少要保证孩子在家里接触的媒体内容是健康的。父母可能控制不了孩子在别的地方看什么、玩什么、吃什么，也无法控制媒体对孩子同辈群体文化的影响。（这就是为什么建议家长“直接说不”就太天真了）。但在家里，父母可以监督孩子消费的内容，并为其他活动提供更多的时间。家长也可以与其他父母进行交流，创造一个有益于孩子们的成长环境。学校可以通过对学生进行媒体意识教育来提供帮助。

5

谁喜欢谁

你的诞生，很有可能就是一个男人和一个女人相互吸引的结果。

什么因素使一个人喜欢或爱上另一个人呢？以“喜欢”和“爱情”为主题的文章太多了，几乎所有可能的及其相反的解释，都已被阐述过。对多数人来说，也包括你，是什么因素导致了喜欢和爱情呢？不见面会使彼此的心更加炙热，还是“眼不见，心不念”呢？因为相似而吸引，还是因为不同而吸引？

吸引的回报理论是一种简单却很有影响的阐释：我们喜欢那些回报我们或者与我们得到的回报有关的人。朋友之间互相帮助，互相回报，而不斤斤计较。

同样，我们还喜欢与那些能让我们心情愉悦的人交往。因此，哈特菲尔德和沃尔斯特[1]提出了一条与人相处时很实用的小贴士："浪漫的晚餐、在剧院观看演出、在家共度夜晚、度假，这些永远都很重要……如果你希望维系与伴侣的关系，那么你和你的伴侣都要继续把你们的关系跟美好的事物联系起来。"

但是，与大多数笼统的概括性理论一样，吸引的回报理论留下了诸多悬而未决的问题。例如，具体来讲，什么是回报？通常来说，是与不同的人在一起带来的回报高，还是与相似的人在一起带来的回报高？是被别人慷慨地奉承回报高，还是得到他人建设性的批评回报高？哪些因素对你的亲密关系有促进作用？

接近性

两个人能否成为朋友？**接近性**（proximity）是一个强预测因子。尽管接近性也可能诱发敌意，比如，大多数攻击和谋杀发生于生活在一起的人们中间，但更多时候，接近性会激发喜欢。莱比锡大学的米蒂亚·贝克及其同事证实了这一点[2]。他们在第一次班会上给学生随机安排座位，然后让每个学生对全班进行简短的自我介绍。一年后，学生们报告与那些在第一次班会时碰巧同桌或挨着坐的人有更深厚的友谊。

对于那些煞费苦心想搞明白浪漫爱情神秘起源的人来说，尽管接近性这一因素显得微不足道，但是社会学家早就发现，大多数人的婚姻对象可能和他们居住在同一街区，或在同一个公司或

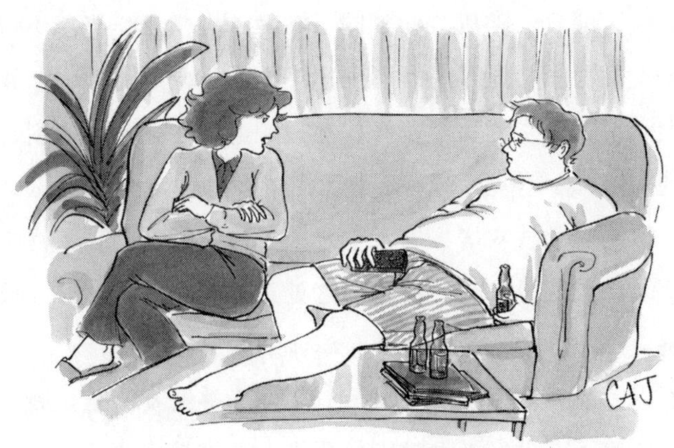

“有时候，我觉得你与我结婚，只是因为我就住在你的隔壁。”

岗位工作，或曾在同一个班里上过课，或去过某个共同喜欢的地方[3]。2006 年的一项皮尤调查显示，在已婚或长期处于亲密关系的人中，38% 是在工作中或在学校遇到的，剩下的人也有一部分是在他们前往居住的社区、教堂或体育馆的路上相遇的，或者就是一同长大的青梅竹马[4]。环顾四周想一想，如果你要结婚的话，他或她也很可能是在你步行可及范围之内居住、工作或学习的某个人。

相互交往

比地理距离更关键的是“功能性距离”——人们的生活轨迹相交的频率。我们常常与那些共享居住区入口、停车场和娱乐场所的人成为朋友。随机分配到同一宿舍的大学生，当然不可避免地频繁交往，所以他们更可能成为好朋友而不是敌人[5]。我所任教的大学里，男生和女生曾经住在校园的两头，不出所料，异性之间的友谊并不常见。现在，他们住在性别混合的宿舍区，共享过道、休闲室和洗衣房，男女生之间的友谊较之前多了许多。互相交往能使人们寻求彼此的相似之处，感受对方的喜好，彼此更加了解，并把自己视为同一社会单元的一分子[6]。

所以，如果你刚到一个城市，想要交些朋友，就试着去租靠近邮筒的房子，坐靠近咖啡壶的桌子，在靠近主要建筑的停车点停车，这些都是帮你建立友谊的有利之地。

为什么接近性会诱发喜欢呢？其中一个原因便是易得性。显然，我们很少有机会认识一个不同学校的人或住在另一个城市的人。但是事实远不限于此，大多数人更喜欢他们的舍友，更喜欢隔壁的人，而不是隔了几个门的人。相隔几道门或是住在楼下，很难说已经远到令人感到不便的程度。此外，那些距离接近的人，不仅可能成为朋友，也可能成为敌人。那么，为什么接近性更容易培育感情而不是滋生仇恨呢？

对相互交往的预期

接近性能使人们发现共性并交换回报。但仅仅是对相互交往的预期就可以引发喜欢。达利和伯奇德[7]发现了这一点。他们向明尼苏达大学的女生提供了一些关于另两位女生的模糊信息，并告诉她们待会儿要与其中的一位进行亲密的交谈。然后问她们对那两位女生的喜欢程度。结果发现，她们更偏好预期与之见面的那位女生。预期和某人约会也能促进喜欢[8]。甚至那些大选中落败方的支持者，也会发现自己对获胜者——他们现在不得不接受——的看法有所改善[9]。

这种现象具有适应性的意义。预期的喜欢——期望某人是令人喜爱的和容易相处的——能增加与之建立互惠关系的机会[10]。我们倾向于喜欢那些经常见面的人是有积极意义的。我们的生活充满了与他人的关系，并不是所有的关系都是我们能选择的，但我们却必须与他们——室友、兄弟姐妹、祖父母、老师、同学、同事等进行持续的交往。喜欢他们必定有助于和他们建立更好的关系，反过来，这样的关系也造就了更快乐、更有成就的生活。

曝光效应

接近性引发喜欢，不仅是因为接近性能提供相互交往的机会并产生预期的喜欢，而且还有另一个更简单的原因：200 多个实验结果显示，熟悉不会导致轻视。这和一个古老的谚语正好相反。事实上，熟悉诱发了喜欢[11]。对于各种新异刺激——无意义音节、汉字、音乐片段、面孔——的**曝光**（mere exposure），都能提高人们对它们的评价。虚构的土耳其单词，如 nansoma，saricik，afworbu，其含义比 iktitaf，biwojni，kadirga 好还是不好呢？密歇根大学的学生接受了罗伯特·扎伊翁茨[12]的测试，结果显示，他

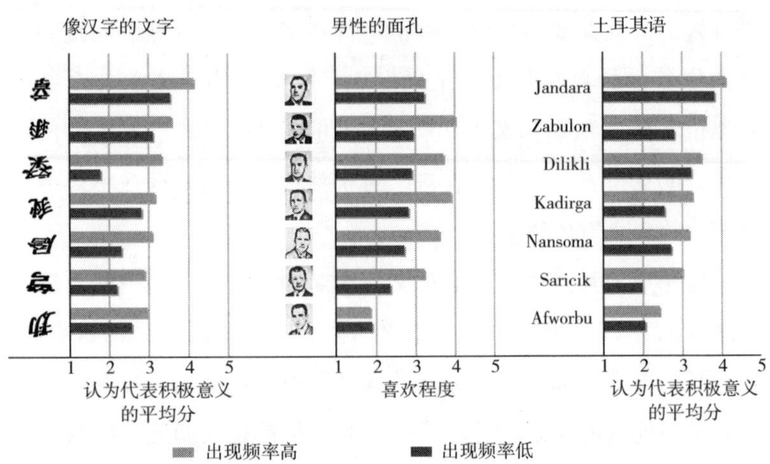

图 5-1 曝光效应。在多次呈现刺激之后，学生们对刺激（此处呈现了刺激的部分例子）的评价更为积极[13]。

们更加偏好那些出现频率高的单词。看到无意义词语或中国表义文字的次数越多，他们便认为这些字词表示的意思也越积极（见图 5-1）。我也在课堂上验证过这个想法，先是周期性地在屏幕上闪现某些无意义词语，在学期末，学生们对这些“词语”的评价比那些他们从没见过的无意义词语的评价要更积极。

请考虑一下，你最喜欢字母表里的哪些字母？不同国家、不同语言和不同年龄的人都偏好他们名字中的字母，以及那些在母语中出现频率更高的字母[14]。法国学生把大写字母 W 评价为最不喜欢的字母，而 W 正是法语里最不常见的。在一项模拟股票市场的研究中，美国商科学生更喜欢购买首字母与自己名字相同的股票[15]。日本学生不但偏好他们姓名中的字母，而且还偏好与自己生日对应的数字。当然，这种“姓名效应”也不单纯是“曝光效应”的反映，有关内容详见下文的专栏“聚焦：喜欢与自己相关的事物”。

曝光效应违背了我们的常识预测，即对重复听到的音乐和反复吃的食物的兴趣会下降，也就是厌倦[16]。除非这种重复是没完没了的（有一句朝鲜谚语：“再好的音乐听多了也烦”），否则，熟悉性通常不会引起轻视，而是让人更加喜欢。巴黎的埃菲尔铁塔在 1889 年竣工时，曾被嘲笑是奇形怪状的东西[17]。如今，它已成为巴黎备受喜爱的地标。

扎伊翁茨[18]指出，曝光效应具有“巨大的适应意义”，它是使我们容易产生吸引和依恋的一种基本现象。它有助于我们的祖先把熟悉或安全的事物，与不熟悉或不安全的事物区分开来。两个陌生人交往得越多，他们就越容易发现对方的魅力和长处[19]。

当然，曝光效应也有缺点，即我们对陌生人的警惕。这能解释当人们面对那些不同于自己的人时，为什么会产生一种自动的无意识偏见。三个月大的婴儿就会表现出对自己种族的偏好：如果他们是由自己种族的人抚养长大的，那么他们会更喜欢盯着自己熟悉种族的面孔[20]。

我们也更喜欢过去习惯看到的自己。在一个有趣的实验中，研究者给女士呈现一张真实的照片和一张镜像变换（左右反转）后的照片，研究者询问她们更喜欢哪一张。结果发现，大多数人更喜欢那张镜像照片，也就是她们在镜子里经常看到的那个形象

聚焦：喜欢与自己相关的事物

人总是喜欢自我感觉良好，一般来说，我们皆如此。我们不但有一种自我服务偏差的倾向，而且还表现出佩勒姆等人[21]所说的那种内隐自我中心主义（implicit egotism）：我们喜欢与自己相关的事物。

这不但包括我们姓名中的字母，还包括潜意识中与自己有联系的人、地方和其他事物[22]。如果将自己的脸部特征合成到一个陌生人或政治人物的脸上，我们就会更喜欢这个新合成的脸[23]。如果一个人在实验中的编号碰巧与我们的生日相同，我们对他也会有更多的好感，我们甚至更愿意与那些姓或名与我们相似（例如都以某个字母开头）的人结婚[24]。

这种偏爱会对我们生活中的其他重大抉择产生微妙的影响，包括我们的居住地、职业等。费城（Philadelphia）中名叫 Jack 的人只是杰克逊维尔（Jacksonville，一个比费城小的城市）城中的 2.2 倍，但叫 Philip 的人却是它的 10.4 倍。同样，弗吉尼亚海滩（Virginia Beach）有更多的人名叫 Virginia。

这一现象是否有可能只是反映了为孩子起名时会受其居住地的影响？是否佐治亚州（Georgia）的居民就更喜欢为他们的孩子取名为 George 或者 Georgia 呢？可能是这样的，但这却无法解释为什么各州都相对有更多人的姓氏与州名相似。例如在加利福尼亚州（California），姓以 Cali 开头（如 Califano）的人占了更大的比例。

同样，多伦多（Toronto）就有更多人的姓是以 Tor 开头的。

圣路易斯城（St.Louis）中名叫路易斯（Louis）的人比全美平均数高 49%；名叫希尔、帕克、比奇、莱克或罗克的人更有可能居住在城市名包含他们名字的地方，如帕克城（Park City）等。佩勒姆等人推测："市名与自己的姓名相像的城市对人们具有更大的吸引力"[25]。

还有更不可思议的，这并非凭空编造，人们好像还偏爱与他们的姓名有关的职业。在美国，杰里、丹尼斯（Dennis）和沃尔特这些名字的普遍程度是相同的（这些名字均各占总人口的 0.42%），然而，在美国的牙医（dentist）中，名叫丹尼斯的人却几乎是叫杰里或沃尔特的 2 倍。叫丹尼斯的牙医也是叫贝弗利或塔米（与其普遍程度相同）的 2.5 倍。叫乔治（George）或杰弗里（Geoffrey）的人在地球科学家（geoscientist，包括地质学家、地球物理学家、地球化学家）中占了更大的比例。在 2000 年的总统大选中，姓以 B 开头的人更可能为布什（Bush）的竞选捐款，而姓以 G 开头的人更可能捐款给戈尔（Gore）。

内隐自我中心主义现象的确受到一些质疑。西蒙逊[26]承认在实验室中确实会出现内隐自我中心主义，他也可以重复出姓名与职业、住址之间存在相关的研究结果。但他指出，有时"反向因果关系"才是这一现象的解释。例如，街道经常以其居民的名字来命名，城镇经常以其创建者的名字命名（威廉斯创建了威廉斯堡），而创建者的后代会居住在附近。作为回应，佩勒姆和卡瓦略[27]承认其中一些影响的效应量确实不大，尤其是对职业选择的影响。但他们认为，内隐自我中心主义尽管很微妙，但的确是一种真实的、无意识的评价偏差。

阅读了有关内隐自我中心主义的文献后，我（David Myers）不得不停笔仔细考虑一下：难道这就是我喜欢去Fort Myers旅行的原因吗？为什么我写了这么多关于心境（moods）、媒体（media）以及婚姻（marriage）方面的文章？为什么我要与Murdoch教授合作？如果真是这样，是否也能解释为什么Suzie在海边（seashore）卖贝壳（seashell）呢？

（难怪我们的照片看上去从没有觉得完全称心的）。但是，当给这些女生的好友呈现与前面同样的两张照片时，她们报告说更喜欢那张真实的照片，即她们习惯看到的形象[28]。现在，我们如此频繁地看到自己的自拍照，你认为结果会有所不同吗？

广告商和政治家们充分利用了这种效应。当人们对某一商品或候选人没有什么强烈的感受时，仅仅通过简单的重复，也可以增加商品的销量或候选人的得票率[29]。如果一个商品在广告中没完没了地出现，那么，购物者常常会对该商品做出不假思索、自动化的偏爱反应。学生在网页上看到品牌产品的弹出式广告后，对该品牌的态度会变得更积极，即使他们不记得看过这些广告[30]。如果候选人都比较不为人们所熟悉，那么一般而言，那些在媒体

曝光效应。如果德国总理默克尔也跟我们大多数人一样，她会更喜欢她熟悉的镜子中的形象（左图）而不是她的实际形象（右图）。镜子中的形象是每天早上刷牙的时候都能见到的形象。

AP Images/MICHAEL SOHN

上曝光最多的候选人更容易获胜[31]。懂得曝光效应的政治战略家，通常会使用反复强调候选人名字和录音片段的简短广告，以此代替理由充分的长篇大论。

1990 年，华盛顿州最高法院德高望重的法官基思·卡洛，在竞选中输给了看起来毫无胜算的对手查尔斯·约翰逊，吃的就是这个亏。约翰逊是一个没有名气的律师，负责处理一些情节轻微的刑事案件和离婚案件，他参加竞选的口号是“法官需要被挑战”。两个人都没有开展竞选活动，媒体也没有对这次竞选进行报道。在投票的那天，两个候选人的名字相继出现在选民面前，没有做任何区分。结果，约翰逊以 53% 对 47% 胜出。这个结果令法律界很吃惊，事后，卡洛解释说：“名叫约翰逊的人比叫卡洛的人要多得多。”的确，该州规模最大的报纸统计发现，在当地的电话登记簿中，有 27 个叫查尔斯·约翰逊的人。还有一个叫查尔斯·约翰逊的地方法官。此外，在邻近的一个城市，有一个电视新闻节目的主持人也名叫查尔斯·约翰逊，他主持的节目在全州的有线电视上都可以看到。因此，当被迫在两个陌生人之间做出选择的时候，大多数选民偏向于选择让人感觉更舒服、更熟悉的名字——查尔斯·约翰逊。

外表吸引力

在约会中，你看重的是对方的哪些特质呢？诚实、个性、幽默，还是美貌？智慧的人们并不在意诸如美貌之类的外在特征；他们知道“美貌，不过是一副皮囊”，正如“你不可以通过封面来判断一本书的好坏”。至少，他们懂得*应该*如何去感受“美”，正如西塞罗的忠告：“抵制外表。”

要说外貌不重要，其实那只不过是我们拒绝承认现实对我们的影响的又一例证而已。因为现在有许多研究都显示：外貌确实很重要。这种效应的一致性和普遍性令人惊讶，美貌的确是一笔财富。

吸引力和约会

不管大家喜欢与否，的确存在这样的事实，那就是：一位年轻女士的外表吸引力可以在一定程度上预测她约会的次数，而一位年轻男士的外表对他约会次数的预测力则要小一些[32]。不过，相比于男性，更多的女性表示，她们宁愿选择一个相貌平平但很热忱的配偶，而不是一个仪表堂堂却很冷淡的男人[33]。近 22 万人参与的一项世界范围的 BBC 网络调查表明，男性比女性更看重配偶的外貌，而女性比男性更重视诚实、幽默、善良以及可靠[34]。在一项追踪异性恋已婚夫妇长达 4 年的纵向研究发现，妻子的外表吸引力对丈夫婚姻满意度的预测要优于丈夫的外表吸引力对妻子满意度的预测。换句话说，漂亮的妻子会让丈夫更幸福，但英俊的丈夫对妻子幸福感的影响则要小一些[35]。男女同性恋者也表现出这些性别差异，不论同性恋还是异性恋，男性都比女性更看重外表[36]。

这是否表明，正如很多人所猜测的那样，女性能更好地遵从西塞罗的忠告呢？或者说，自 1930 年以来就从未发生过变化？当时的英国哲学家罗素[37]写道："整体上来说，女性倾向于因性格而爱上男性，男性则倾向于因外表而爱上女性。"还是说它仅仅反映了这样一个事实：约会邀请更常是由男士发起的？如果让女性在不同的男性中选择出她们所喜爱的类型，那么，外貌对于她们来说是不是如男性那般看重呢？

为了考察男人是否真的更在意外表，研究者分别给男、女异性恋学生提供了有关某一异性的一些信息，包括对方的照片。或者，研究者简单地介绍一个男人与一个女人相互认识，并询问他们是否有兴趣跟对方约会。这些实验的结果表明，男人的确更在意异性的外表吸引力[38]。也许正因为觉察到了这一点，女性才更在乎自己的外表，进行外科整容的人当中 90% 都是女性[39]。女性在被问到“右边的人是穿着黑色鞋子吗？”或者被要求回忆某人的穿着或发型时，也能够更好地回忆其他人的外表[40]。

女性同样也会注意男性的外表。哈特菲尔德等人[41]进行了一项经典研究，他们在明尼苏达大学“迎新周”里举办了一个配对舞会，752 名一年级的学生参加了这个舞会。研究者对每个学生都进行了人格和能力测试，然后对他们进行随机配对。在舞会那天晚上，一对对学生跳舞聊天，为时两个半小时。在短暂的间歇里，研究者让他们评价自己的舞伴。人格和能力测验到底在多大程度上能够预测人们的吸引力呢？人们是更喜欢那些具有较高自尊或较低焦虑感的人，还是喜欢那些在性格内向或外向方面与自己不同的人？研究者考察了各种可能性。如果说他们能够非常肯定哪个因素起重要作用的话，那就是个体的外表吸引力（研究者在实验前对参与者的外表吸引力进行了评定）。女性的颜值越高，男性就越喜欢她，并且愿意跟她继续约会。同样，男性的颜值也有这样的效果。的确，美貌能使人愉悦。

然而，一旦人们通过工作或友谊相互了解了几个月或几年后，他们就会更多地关注个人的独特品质，而不是外表吸引力和地位。几项研究考察了朋友之间的喜欢随时间的变化，结果发现，时间越长，朋友们在谁是最具吸引力伴侣这个问题上的分歧就越大。换句话说，每个人都有适合自己的另一半，只要你了解了对方[42]。美貌使人愉悦，但或许只持续很短的时间。

我们说吸引力很重要，是在假设其他条件都相同的情况下来谈论的。并不是说，任何时候外表的吸引力都比其他任何特质更重要。一些人通过外表来评价他人，还有一些人则不是这样[43]。而且，吸引力可能对第一印象的影响最大。当然，第一印象非常重要——随着社会的流动性增大以及城市化进程的加快，人与人之间的接触越来越短暂，第一印象就显得愈加重要了[44]。在社交媒体上，你的个人主页也是从你的头像开始的。在速配实验中，当人们只是根据外表做出选择时（快速地与很多人见面），吸引力的效应是最强的[45]。这也有助于解释为什么与农村地区相比，外表吸引力能更好地预测城市居民的幸福感和社会关系[46]。

虽然很多面试官可能会否认这一点，但是，吸引力和外表打扮的确会影响面试时的第一印象，尤其当评估者是异性的时候[47]。当新产品与有吸引力的发明者相联系时，人们对它的评价会更高[48]。这个现象有助于解释为什么长得好看的人和个子高的人通常能获得声望较高的工作，能赚更多的钱[49]。

罗瑟尔等人[50]对加拿大人的收入进行了调查，并让受访者对这些人的吸引力进行了五点量表的等级评定（1 表示相貌平平，5 表示非常有吸引力）。结果发现，在吸引力上的得分每增加 1 个单位，每年平均能多赚 1 988 美元。弗里兹等人[51]进行了类似的研究，他们根据学生纪念册的照片，对 737 名 MBA 毕业生的外表吸引力进行了五点量表的等级评价，结果表明，吸引力得分每增加 1 个单位，男士可多挣 2 600 美元，女士则可多挣 2 150 美元。经济学家丹尼尔 · 哈默梅什[52]在其《美丽有价》（*Beauty*

Pays）一书中指出，对一个男人来说，高颜值带来的收入增加相当于再接受一年半的学校教育。

匹配现象

并非人人都能与一位魅力非凡的人厮守终身。人们是怎样结成连理的呢？伯纳德·默斯坦等人[53]的研究表明，人们一般会面对现实，与跟自己具有同等吸引力的人结成伴侣。研究表明，夫妻、约会对象甚至大学生联谊会成员之间的吸引力都表现出了高度的一致性[54]。人们选择朋友，尤其在选择终身伴侣的时候，通常倾向于选择那些不仅在智力、受欢迎程度和自我价值上，而且在外表吸引力方面都能与自己匹配的人[55]。

很多实验都证实了这种**匹配现象**（matching phenomenon）的存在。在知道对方可以自由地同意或拒绝的情况下，在选择与谁接近时，人们通常会接近那些在吸引力方面与自己大致匹配的人，并在追求过程中投入更多[56]。人们寻找那些看起来合心意的人,但同时也清楚自己能多大程度上合别人的心意。格雷戈里·怀特[57]在美国加州大学洛杉矶分校进行的一项有关约会的研究表明：外表上的匹配将有利于良好关系的发展和维持。那些外表吸引力最为相似的人，9 个月之后更有可能坠入爱河。

也许你会想，有很多夫妻的吸引力并不匹配，但他们却很幸福。在这种情况下,吸引力较低的一方常常具有其他方面的资本，可以对自己的外表进行补偿。每一方都把自己的资本拿到社会市场中，对各自资本的价值进行了合理的匹配。在线约会网站上的征婚广告和自我介绍充分展示了这种资本交换[58]。男性通常强调自己的财富或地位，并且希望寻求年轻和有吸引力的女性；女性则相反，例如一则广告这样写道："一位有吸引力、聪明的女士，26岁，身材苗条，欲觅热情而有稳定工作的职业男士。"那些在广告中强调自己的收入和学历的男性，以及强调自己年轻、貌美的女性，通常能得到更多的回应[59]。这种资本匹配的现象也有助于解释为什么年轻貌美的姑娘通常会嫁给一个社会地位较高的年长男人[60]。男方越有钱，女方越年轻漂亮。

外表吸引力的刻板印象

这种外表吸引力效应是否完全来源于性的吸引力？显然不是！休斯顿和布尔[61]让化妆师给一个实验助手的脸上加上疤痕、淤青或胎记。在格拉斯哥客运地铁线上，当这位助手以丑陋的面貌出现时，不管是男性还是女性，都不愿意坐在她旁边[62]。研究者还发现，就像成人喜欢有吸引力的成人一样，小孩也偏爱有吸引力的小孩[63]。通过考察婴儿注视他人的时间，研究者发现，即便是3个月大的婴儿也偏爱有吸引力的面孔[64]。

成人在对儿童的评价中也显示出了相同的偏好。克利福德等人[65]在密苏里州做了一个实验，他们给五年级的老师提供了有关某个男孩或女孩的信息，并附有照片。这些信息的内容相同，但是照片却分为有吸引力和无吸引力两种。在相同的信息之下，老师们倾向于认为那些有吸引力的孩子更聪明，在学业上更成功。想象一下，假如你是一名操场管理员，必须管教一个不守纪律的孩子，你是否会像卡伦·戴恩[66]研究中的女性那样，对那些没有吸引力的孩子表现出更少的热情和关注？令人遗憾的现实是，大多数人都认为，长相一般的孩子，他们的能力和社交技能也不如那些漂亮的同龄人。

而且，我们也以为漂亮的人拥有某些受人欢迎的特质。虽然漂亮并不一定让人联想到诚实，然而，在其他各方面条件都相同的情况下，我们仍会猜测漂亮的人会更快乐、更性感热情，更开朗、聪明和成功[67]。在一项研究中，学生们认为有吸引力的女性更随和、更开放、更外向、更有抱负、情绪更稳定[68]。我们更渴望与有吸引力的人建立联系，这促使我们将诸如友善和互惠互利等受人欢迎的特质投射到他们身上[69]。当有吸引力的首席执行官出现在电视上时，这家公司的股票价格就会上涨；但如果只是在报纸上被提到而没有照片，就没有这种效果[70]。

综上所述，这些研究结果表明存在**外表吸引力刻板印象**（physical-attractiveness stereotype）：美的就是好的。孩子很小的时候，通过成人给他们讲的故事，就开始形成这种刻板印象。巴齐尼及其同事[71]对21部动画电影中的人类角色进行了分析，他们报告称："迪士尼电影宣扬了一种刻板印象，即美的就是好的。"白雪公主和灰姑娘是美丽的，同时也是善良的；女巫和继姐是丑陋的，同时也是邪恶的。"如果你想得到某个非本家庭成员的爱，那么长得漂亮可以助你一臂之力。"一个八岁的女孩会这样猜测。

当问一个幼儿园里的女孩美丽意味着什么时，她回答说："就像小公主那样，人人都喜欢你。"[72]

既然外表吸引力如此重要，那么，永久地改变一个人的外表就会改变人们对待他的方式。但是，改变一个人的外貌是否合乎道德？整形外科医生和正牙医生每年都要给上百万的人做手术。让牙齿变得整齐洁白，头发再生、染色，面部拉皮去皱，去除多余的脂肪，以及隆胸、使胸部坚挺或者减小等等。在经历过如此这般的改变之后，大多数原本对自己不满意的人都对手术结果感到满意，尽管一些不满意的人还会寻求再次治疗[73]。

为了检验整容的效果，迈克尔·卡利克[74]对哈佛的学生做了一个实验，他让学生们看八位女士整形手术前后所拍摄的头像照片，然后对她们进行评价。结果表明，学生们不仅认为女士们手术后的外表更有吸引力，而且也认为她们更善良、更敏锐，在性方面更热情和更有回应性，也更讨人喜欢。

第一印象形成的速度非常快，它对思维的影响也非常大，这就是美丽意味着成功的原因。即使面孔呈现时间只有 0.013 秒，短暂得令被试不可能看清楚，也足以让人们猜测出面孔的吸引力[75]。研究者进一步发现，当要求被试对随后呈现的词语进行"好"与"坏"的分类时，那些快速闪现的具有吸引力的面孔，让被试对"好"的词语反应得更快。人们迅速感知到美，并启动了积极的加工过程。

漂亮的人是否真的具有好的特质呢？几个世纪以来，那些自认为是严肃科学家的人的确是这样想的，他们一直尝试确定某些能预测犯罪行为的身体特征（贼眉鼠眼、尖嘴猴腮，等等）。另一方面，是否如同列夫·托尔斯泰所说，这是“一个奇怪的错觉……认为美的就是好的”？不管别人怎么看，高颜值的人和其他人在基本的人格特质上没有什么不同，比如宜人性、开放性、外向性、个人抱负和情绪稳定性[76]。然而，这种刻板印象也有一定的道理。有吸引力的孩子及年轻人，在某种程度上更放松、更外向，社交能力更强[77]。戈德曼和刘易斯[78]的研究也证明了这一点。他们让佐治亚大学的 60 名男生分别跟 3 位女生在电话里聊 5 分钟。之后，男生和女生都对和自己聊天的人进行评价。他们都没有见过对方。结果，最具外表吸引力的人被认为社交能力更强且更讨人喜欢。互联网上的情况也是如此：即使女士们没有看到男士的照片，她们也认为有吸引力的男士在交友网站上的个人简介更令人满意、更自信。美的就是好的，即便在网上也是如此[79]。外表有吸引力的个体，也往往更受欢迎、更外向、更具典型的性别特征（如果是男性，则更有男子气概；如果是女性，则更有女人味）[80]。

有吸引力的人和无吸引力的人之间的这种微小差异，很可能来源于自我实现的预言。有吸引力的人通常更受重视、更讨人喜欢，所以很多人在社交中更有自信。斯奈德等人[81]的实验中，男士从他们认为有吸引力但未曾谋面的女士那里得到了热情的回应。这样看来，影响你社交技能的关键，并不在于你看起来怎样，而在于别人如何看待你，以及你对自己的感觉——你是否接纳自己，喜欢自己，是否自我感觉良好。

谁具有吸引力

我曾经把吸引力描述成一种像身高那样的客观特征，有些人拥有得多些，而有些人拥有得少些。但严格来说，吸引力指的是人们在某一特定的地点和时间觉得任何可爱的特征。当然，这是有所变化的。世界小姐的选美标准就不可能适用于世界上的所有人。在不同的地方或不同的时代，人们会给鼻子穿孔、拉长脖子、染发、文身，疯狂地吃东西以使自己变得丰满，或尽一切可能地节食以使自己变得苗条，用皮质紧身衣裹缠身体以使胸部看起来小些，或使用硅胶和加垫胸罩以使胸部看起来大些，等等。在资源匮乏的文化中，丰满更具吸引力，对贫穷和饥饿的人们来说也是如此；而对物质条件富足的文化和人们来说，美丽往往等于苗条[82]。此外，在关系更多决定于亲缘关系或社会安排而非个人选择的文化中，吸引力对生活的影响就会相对较小[83]。尽管有这么多的变化，但是朗格卢瓦等人[84]认为，对于“谁有吸引力和谁没有吸引力这个问题，在同一文化内部或不同文化之间，仍然存在很强的共识”。

但是，具有讽刺意味的是，真正的吸引力其实就是完美的平均[85]。研究者对大量的面孔进行了数字化处理，并用计算机对它们进行了平均。结果毋庸置疑，人们认为合成的面孔比几乎所有的真实面孔都更具吸引力[86]。在 27 个国家中，腿长与身高比为平均水平的人，比那些腿特别短或特别长的人更有吸引力[87]。哈伯斯塔特[88]认为，对人类和动物来说，平均的面孔最能体现原型

（也就是典型的男人、女人、狗或者任何其他东西），因此大脑更易于处理和分类这种面孔。也就是说，“完美的平均”对眼睛和大脑来说易于识别和加工。

由计算机平均出来的面孔也趋向于完美的对称，是具有吸引力（以及在繁育后代方面比较成功）的人拥有的另一个特征[89]。如果你能把你的任意半边脸与它的镜像合成在一起，形成一个完美对称的新面孔，那么你就会变得更好看[90]。除了少数面部特征外[91]，如果把多个这样对称的面孔再加以平均，你就会得到一个更加漂亮的面孔。

进化与吸引力

进化心理学家用繁殖策略来解释人类对有吸引力伴侣的偏好。他们认为，美丽其实反映了一些重要的生物学信息：健康、年轻和富于生殖能力。事实确实如此。长相英俊的男性精子质量更高；拥有沙漏型身材的女性月经周期更规律，生育力更强[92]。逐渐地，喜欢那些看起来富有生殖能力女性的男性，他们所繁衍的后代数量，就会超过那些喜欢与绝经女性交配的男性的后代。戴维·巴斯[93]相信，这些人类历史的生物学结果，能够很好地解释为什么他所研究的 37 种文化——从澳大利亚到赞比亚——中的男性，的确都更喜欢那些能显示生殖能力的女性特征。

进化心理学家也认为，进化使女性倾向于偏好那些表现出有能力提供资源和保护的男性特征。诺曼·李等人[94]报告说，在挑选伴侣时，男性希望女性要有一定的外表吸引力，而女性则希望男性拥有地位和财富，但两性都喜欢有爱心的人和聪明的人。

在排卵期，女性会更加喜欢那些面孔、声音和身体更具男子气概的男性[95]。她们在判断男性的性取向方面显示出更高的准确性[96]，并且对外群体男性有更高的警惕[97]。研究发现，年轻女性在排卵期比非排卵期倾向于穿着更暴露[98]。另一个研究发现，排卵期的脱衣舞女平均每小时所得的小费是 70 美元，是那些处于月经期的脱衣舞女小费的两倍[99]。

进化心理学家认为，我们是被原始的吸引力所驱动的。就像吃饭和呼吸一样，吸引和择偶对我们来说是如此的重要，而不可能归结为文化的偶然现象。

比较效应

虽然我们的择偶心理有其生物学的一面，但是吸引力并不只是取决于生物特性。什么对你是有吸引力的？这还取决于你自己的比较标准。

对于那些刚刚看过杂志中裸体照片插页的男性而言，普通女性甚至他们妻子的吸引力都会减少[100]。观看诱发强烈性欲的色情电影同样也会降低对伴侣的满意度[101]。性唤起可能暂时地使异性看起来更具有吸引力。但是，观看完美得可以打 10 分的异性照片或非现实的性描写所产生的持续影响，会使伴侣的吸引力降低，给其伴侣的评分更有可能是 6 而不是 8。

比较效应同样也在我们的自我知觉过程中起作用。看到一个魅力非凡的同性，人们会觉得自己缺乏吸引力；而看到一个相貌平平的同性，我们就不太会产生这种感觉[102]。

我们所爱之人的吸引力

让我们以一种乐观的态度来结束我们对吸引力的讨论吧。我们不仅认为有吸引力的人很讨人喜欢，而且认为讨人喜欢的人也很有吸引力。也许你会想起，当你越来越喜欢一个人时，他对你的吸引力也会不断上升，而其外表上的不完美也就不那么明显了。格罗斯和克罗夫顿[103]让学生先阅读关于某人讨人喜欢或不讨人喜欢的人格描述，然后再看这个人的照片。结果发现，那些被描述为热情、乐于助人和善解人意的人，看起来也更有吸引力。那么，“心灵美才是真的美”和“善即美”这两句话也许是真的。发现某人与我们有相似之处，似乎会使这个人看起来更有吸引力[104]。

此外，还有“情人眼里出西施”的现象：一个男人越爱一个女人，他就会觉得这个女人的外表越具有吸引力[105]。而且，两个人越是相爱，就越不觉得其他异性有吸引力[106]。“草坪的另一边可能更绿，”米勒和辛普森[107]说，“但快乐的园丁却很少注意到。”在某种程度上，美的确只存在于观赏者的眼中。

相似性与互补性

从以上的讨论来看，人们可能会认为列夫·托尔斯泰完全正确：“爱依赖于……频繁的接触，依赖于发型以及服饰的颜色和款式。”但是，当人们逐渐了解对方以后，其他的因素也会影响到熟人是否可以变成朋友。

物以类聚吗

我们可能对此深信不疑：物以类聚，人以群分。朋友、订婚的情侣以及夫妻，比那些随机配对的人更可能拥有相同的态度、信仰和价值观。此外，丈夫和妻子间的相似性越大，他们就越幸福且越不容易离婚[108]。对于正在约会的情侣，他们的政治和宗教态度越相似，11 个月后还在一起的可能性就越高[109]。这种相关性是有趣的，但是它们之间孰因孰果却还是个谜。到底是相似性导致了喜欢，还是喜欢导致了相似呢?

相似产生喜欢

为了弄清楚因果关系，我们可以做实验。想象一下：在一次校园聚会里，拉吉莎与莱斯、朗围坐在一起，就政治、宗教和个人好恶进行了长时间的讨论。她和莱斯发现，他们几乎对所有事情的观点都是一致的，而她和朗只在少数观点上一致。之后，她回忆说：“莱斯真的很聪明……而且很可爱……希望我们能再见面。”通过实验，唐·伯恩[110]及其同事抓住了拉吉莎这种体验的本质。他们一次又一次地发现，一个人在态度上与你越相似，你就会越喜欢他。相似性产生喜欢，这不仅对大学生，对于儿童、老人以及不同职业和文化的人也都适用。

"实际上，卢，我认为远不止是我在恰当的时间待在恰当的地方。我还属于一个恰当的种族、恰当的宗教、恰当的性别、恰当的社会经济群体，还有着恰当的口音，穿着恰当的衣服，进了恰当的学校……"

最有吸引力的人是那些最像我们的人。

这种"相似性导致喜欢"的效应在现实生活情境中也得到了验证。无论在哪种场合，人们一旦走进满是陌生人的房间，通常会选择坐在与自己相似之人的旁边[111]。比如，戴眼镜的会坐在戴眼镜的人身边，长头发的会坐在长头发的人身边，深色头发的人会坐在同样发色的人身边（即使控制了种族和性别因素也是如此）。

不论在中国还是西方国家，相似的态度、特质和价值观有助于夫妻俩在一起，而且相似性还可以预测他们的婚姻满意度[112]。在速配中，说话风格相似的人会相互吸引[113]。甚至连早睡早起型和晚睡晚起型的人都倾向于彼此寻觅[114]。婚恋交友网站eHarmony声称它根据相似性来匹配单身人士，因为幸福的伴侣之间往往具有更多的相似性[115]；手机交友软件Tinder根据社交媒体账号的个人资料相似性来配对。

所以，相似性产生了满足感。物以类聚，的确如此。当你发现某个人与你拥有相同的想法、价值观和愿望时，当你发现心心相印的伴侣与你喜欢一样的音乐、一样的活动甚至一样的食物时，你就会更确信这一点（当人们喜欢同样的音乐时，他们也会推断彼此有相似的价值观[116]）。

对立引发吸引吗

我们不是也会被那些在某些方面与我们不同的人所吸引吗？研究者考察了这个问题，他们不但比较了朋友和配偶们的态度与信念，还比较了他们的年龄、宗教信仰、种族、吸烟行为、经济水平、受教育程度、身高、智力以及外貌。在所有这些方面乃至更多的方面，相似性仍然占主导地位[117]。聪明者聚在一起。同样，富裕的、相同教派的、高大的、美丽的也各自聚在一起。

但我们仍然要问：我们真的就不会被那些在需求和个性上正好与我们互补的人吸引吗？一个虐待狂和一个受虐狂在一起能否找到真爱呢？甚至《读者文摘》都告诉过我们："对立相吸……爱社交的人与不爱社交的人配对，求新猎奇的人与不愿变化的人配对，挥金如土的人和节俭的人配对，冒险的人与谨小慎微的人配对。"[118]社会学家罗伯特·温奇[119]解释说，一个外向、具有支配性的人的需要，正好与腼腆且喜欢服从的人是天作之合。这个逻辑看起来似乎蛮有说服力，而且我们中的大部分人都会把夫妻之间的差异看作一种互补："我的丈夫和我是天生的一对。我是水瓶座，坚决果断；他是天秤座，优柔寡断。但他总是乐意遵从我所做的安排。"

随着关系的进展，可能会发展出某些方面的**互补性**（complementarity）。然而，人们似乎更倾向于喜欢那些在需求、态度和个性方面与自己相似的人，更可能和他们结婚[120]。也许有一天我们会发现，某些方面的差异通常也能产生喜欢。支配性和顺从性可能会是其中的一种[121]。但一般来说，对立不会引发吸引。

"你提醒了我，我们从彼此都学到了很多。"

喜欢那些喜欢我们的人

回顾了上述大量的研究之后我们认识到，回报原则能解释我们目前已经知道的一些结论：

- 接近性能够带来回报。与生活或工作在附近的人交友并获益，花费的时间和精力都较少。
- 我们喜欢有吸引力的人，因为我们觉得他们会具备其他一些我们所期望的品质，与这些人结交能使我们获益。
- 如果他人与我们有相似的观点，我们会有一种获得回报的感觉，因为我们假定他们也喜欢我们。而且，他人与我们持有相同的观点，会使我们更加确信这些观点是正确的。我们尤其喜欢那些被我们成功说服并开始认同我们观点的人[122]。
- 我们喜欢被人喜欢被人爱。因此，喜欢常常都是相互的。我们喜欢那些喜欢我们的人。

但是，一个人喜欢另一个人就可以使对方反过来也欣赏自己吗？人们讲述自己如何坠入爱河的故事时给予了肯定的回答[123]。发现一个有魅力的人真的喜欢你，似乎能唤起一种浪漫的情感。实验研究证实了这一点：告知某些人他们被别人喜欢或仰慕时，他们就会产生一种回馈的情感[124]。而且，一项速配实验也表明，当某些人尤其喜欢你而不是别人时，这种情感回馈会更强[125]。些许的不确定性也能让人燃起渴望。一个人可能喜欢你，但你不太确定。这种情况下，你往往会更加对其念念不忘，觉得那人特有魅力[126]。

来看一下伯奇德及其同事[127]的研究发现。参与者更喜欢那个在 8 个项目上都对他们给出积极评价的学生，而不太喜欢那个在 7 个项目上给他们积极评价、在一个项目上给出消极评价的学生。我们对极其轻微的批评都十分敏感。作家拉里 · 金的话道出了很多人的心声 :“多年来，我发现了一个令人奇怪的现象，积极的评价无法总让作者产生好的感觉，而消极的评价则总能让他产生坏的感觉。”

无论我们评价自己还是他人，消极信息都占了更大的权重，这是因为较之于积极信息，消极信息更不寻常，也更能抓住人们的注意力[128]。人们在大选投票时更易被总统候选人的缺点而非优点所左右[129]，这一现象很快被那些热衷设计负面竞选策略的人所利用。

“好吧——并不是因为你是我丈夫，我才这么说的——它确实不好。”

很久以前我们就认识到，我们喜欢那些我们认为喜欢我们的人。从古代哲学家希卡托（“如果你希望被爱，那就去爱别人吧”）到拉尔夫·爱默生(“拥有朋友的唯一方法就是成为别人的朋友”)，再到戴尔·卡内基（“慷慨地去赞美别人吧”），都预见了我们的这一发现。只不过他们不能预见的是这一规律起作用的精确条件。

接近性、外表吸引力、相似性和被喜欢，它们都是已知的能够影响我们的友谊形成的因素。有时，友谊会发展为激情和爱的亲密关系。什么是爱情？为什么爱情之花时而绽放、时而凋谢呢？为了回答这些问题，我们首先需要理解我们深层的归属需要。

我们的归属需要

亚里士多德将人称为“社会性动物”。确实，我们有一种强烈的**归属需要**（need to belong），即与他人建立持续而亲密关系的需要。

社会心理学家罗伊·鲍迈斯特和马克·利里[130]阐释了社会依附的力量：

- 对我们的祖先而言，只有相互依附才能使族群得以生存。当狩猎或搭棚时，众人协作要比单干好。
- 男女因爱的结合而有了孩子，孩子在父母的相互支持和共同抚养下生存概率更高。

- 对孩子和他们的照料者而言，社会依附有助于他们的生存。如果突然将他们分开，照料者和孩子都会感到恐慌，直至重新团聚。相反，如果孩子在极度被忽视的环境中长大，或者在没有任何依恋对象的机构中长大，孩子就会变得哀伤而焦虑。
- 人际关系占据了生活的大部分。你在清醒时有多少时间是在与别人说话呢？一项包含 10 000 份录音样本（利用便携式录音机每隔一段时间采集一次大学生清醒时 30 秒的录音片段）的研究发现，他们在 28% 的时间里都在和他人说话，这还不包括他们聆听他人说话的时间[131]。
- 在非面对面交流的情况下，全世界 70 亿人通过近 70 亿部手机用语音和短信互相联系[132]，或者通过社交网络互相联系。在美国，94% 的大学新生使用社交网络，27% 的人每周花 6 个小时或更多的时间在上面[133]。在 14 岁至 17 岁的青少年中，有一半的人每天发送 100 条或更多的短信[134]，87% 的人每天至少发一次短信[135]。我们对归属感的需要驱使我们与他人进行持续的联系。
- 对世界各地的人们而言，真实和想象的亲密关系能够主导人们的思维和情感。如果有一个能提供精神支持、相互信赖的伴侣，我们就会感到被接纳和被赞许。坠入爱河，我们会感到抑制不住的喜悦。与伴侣、家人和朋友关系良好时，我们情感关系状况的指标——自尊就会保持较高的水平[136]。正是因为人们渴望被接纳和被爱，所以才会在化妆品、服饰和节食减肥上花费巨大。即使那些表面上对此不屑的人，也会在被接纳时感到愉悦[137]。

- 被流放的人、坐牢的人或被单独监禁的人，总是会想念他们的亲人和故土。人们受到排斥时，会有抑郁的风险[138]，会觉得生活乏味，度日如年[139]。
- 失恋的人、丧偶的人以及旅居异乡的人，会因为丧失社会联结而变得痛苦、孤独或退缩。失去一段亲密关系，成年人会变得嫉妒、发狂，或产生丧亲之痛，会对死亡和生命的脆弱变得更加敏感。搬到新的居住地之后，人们通常会思乡，特别是那些有着强烈归属需要的人[140]。
- 死亡的提醒反过来又增加了我们归属的需要，与他人相伴的需要，以及与我们所爱的人保持亲密的需要[141]。面对“9·11”恐怖袭击，数百万美国人都与自己所爱的人通了电话。同样，同学、同事或家庭成员的突然死亡也会使人们之间的关系得到加强，无论他们曾经有过怎样的分歧。

我们确实是社会性动物。我们需要归属感。跟其他的动机一样，我们在没有归属感时会去寻求归属感；而当这种需要得到满足时，我们就会减少对它的寻求[142]。当我们有所归属时，即当我们感到被一种亲密的关系所支持时，我们会更加健康和快乐。满足归属需要，同时平衡好人类另外两种需要（自主感和胜任感），一般就会带来深深的幸福感[143]。幸福就是感觉到与他人的联结、自由以及有能力。

社会心理学家基普林·威廉斯[144]考察了归属需要被排斥行为（拒绝或忽视）阻碍时的结果。研究发现，所有文化中的人们，无论在学校、职场还是家里，都会使用排斥来调节社会行为。有些人可能知道，被故意回避——躲开、转移视线或默然以对——是一种什么滋味。受到家庭成员或同事的沉默对待时，人们会认为这是一种“情感上的虐待”，是一种“非常非常可怕的武器”。在实验中，那些在一个简单的球类投掷游戏中被忽略的人，也感到了挫折和沮丧。被排斥会造成伤害，社会性疼痛之强烈是没有被排斥过的人很难想象的[145]。排斥甚至比霸凌还要糟糕，霸凌尽管非常负面，但至少还承认某个人的存在和重要；而对某人进行排斥时，人们就当他或她似乎根本不存在[146]。在一项研究中，被排斥但未被霸凌的孩子比被霸凌但未被排斥的孩子感觉更糟[147]。如果我们对那些被拒绝的人产生更多的同理心，那么他们对排斥行为的耐受性就可能会提高。

这种沮丧有时会转变为厌恶和憎恨，比如人们因不被接纳而猛烈抨击那些拒绝他们的人[148]，或者做出自我挫败的行为。在几项实验中，研究者随机分配学生被同伴接纳或排斥。结果发现，受到排斥的被试（比起被接纳的被试），不但表现出更多的自我挫败行为，比如通过阅读杂志来拖延时间，而且还更可能对自己的行为失去控制，比如过量食用不益于健康但美味的饼干[149]。显然，人们对恋人分手后贪吃冰淇淋的刻板印象并不离谱。

这可能是自我控制崩溃的结果：被排斥的人在抑制非期望行为的大脑机制上出了问题[150]。在实验室之外，被拒绝的孩子两年后更有可能出现自我调节问题，比如不完成任务或不听指挥[151]。在实验室研究中，受到社会排斥的人也更有可能贬低侮辱过他们的人，或者朝这些人发出令人不快的噪音；他们帮助别人的可能性会降低，而作弊和偷窃的可能性却增加了[152]。研究者指出，如果在实验室中“被淘汰出局”的小小经历，都能引发如此强烈的攻击行为，那么“一系列重要的拒绝或长期的排斥”又会导致怎样的攻击和反社会倾向呢?

威廉斯和尼达[153]惊讶地发现，即使在虚拟世界中，被一个永远不可能见面的人拒绝，也会引起挫折感（或许你有过在聊天室里被忽视或发出的电子邮件若石沉大海的经历）。研究者从数十个国家招募了5000多名参与者，让每个参与者与另外两人一起玩一种网络抛球游戏（另外两人实际上是电脑模拟的）。结果，那些遭到另外两人排斥的参与者会感到情绪低落；在完成随后的知觉任务时，也更容易服从他人的错误判断。一项研究发现，被排斥之伤对焦虑的人来说最持久[154]。排斥对年轻人的伤害比老年人更大[155]。甚至当排斥来自被社会鄙视的群体（比如澳大利亚的三K党成员）时，其伤害也不会减少[156]。

托莱多大学的威廉斯及其同事[157]还发现，五人约定，某天四个人都不理睬剩下的一个人，可是那个人依然会感到因受排斥而带来的压力。他们原以为这应该是一个很好玩的角色扮演游戏，但事实与之相反，模拟的排斥情境会使工作中断，干扰到令人愉快的社会功能，并“引起暂时的担忧、焦虑、偏执和一般性的精神衰弱”。可见，内心深处的归属需要得不到满足，就会使我们感到不安。

被排斥的人，其大脑皮层的某个区域活动增加，而这部分脑区同样也是对生理疼痛做出反应的脑区。排斥带来的社会性疼痛，就像生理疼痛一样，也会增加攻击性[158]。伤心的感受还会表现为心率降低[159]。心碎会让心脏“减速”。

的确，社会拒绝的痛苦是如此真实，以至于需用镇痛药泰诺来缓解痛苦的感受[160]。感受到爱是社会排斥的对立面，爱可以激活大脑的奖赏系统。在看到自己所爱之人的照片时，把手浸在冷水中的大学生所感觉到的疼痛会显著减弱[161]。社会排斥是一种真实的痛，而爱则是天然的止痛剂。

在一项实验中，让参与者回忆他们曾经遭遇的社会排斥经历，比如被单独留在寝室而其他人外出，就这样也会让他们感到室内温度比那些被要求回忆社会接纳经历的参与者低 5 度[162]。这样的回忆很容易出现，比起生理疼痛，人们更容易记住和再回味过去的社会性疼痛[163]。

罗伊·鲍麦斯特[164]在社会拒绝的研究中发现了一线希望，当近期有过被排斥经历的人再获得一个与新朋友交往的可靠机会时，他们“看上去愿意并渴望交往”。他们更容易注意到微笑的、赞同的面孔[165]。被拒斥的经历也会导致人们无意中增加了对他人行为的模仿，以此来建立与他人的联系[166]。鲍麦斯特认为，从社会层面来说，满足归属需要会带来回报。

我的从事社会学研究的同事指出，感到受排斥的少数群体表现出了很多与我们实验室操纵所引发的相同的反应模式，例如：较高的攻击性和反社会行为，合作和服从规范的意愿降低，智力表现不佳，更多的自我挫败行为，目光短浅，等等。如果能营造一个更具包容性的社会，人们在其中能感到自己作为有价值的人而被接纳，这些不幸的生活模式可能就会减少。

6

爱的罗曼史

爱情比喜欢更复杂，因而更难进行测量，研究起来也颇令人困惑。人们渴望爱情，为它而生，因它而死。

大多数投身于这一领域的学者都研究了其最容易研究的一面，即陌生人之间短暂接触时所做出的反应。那些影响我们起初对他人喜爱与否的因素有接近性、吸引力、相似性以及其他一些回报性特质，这些也会影响到我们长期、亲密的关系。约会双方会很快形成对对方的最初印象，这就为他们之间的长期交往提供了基本线索[1]。的确，如果北美人的爱情的发生是随机的，而不考虑接近性与相似性等因素的话，那么就会有很多天主教徒（属于少数群体）与基督教徒结婚，就会有很多黑人与白人结婚，而大学生（也属于少数群体）与大学生结婚的可能性，应和与高中辍学者结婚的可能性相当。

因此，第一印象十分重要。但是，长期的爱情并不仅仅是最初好感的延续和增强。于是，社会心理学家们也研究持久的亲密关系。

激情之爱

研究爱情，也同研究其他主题一样，第一步就是要决定如何对爱情进行定义和测量。我们有很多方法用以测量攻击、利他、偏见和喜好，但是怎样测量爱情呢？

勃朗宁夫人在她的诗中写道：“我是怎样地爱你？让我一一告诉你。”社会科学家们列举了几种方式。心理学家罗伯特·斯腾伯格[2]把爱情看作由激情、亲密和承诺三部分组成的一个三角形（如图

研究者报告，持续的目光接触、点头和微笑都是激情之爱的标志。

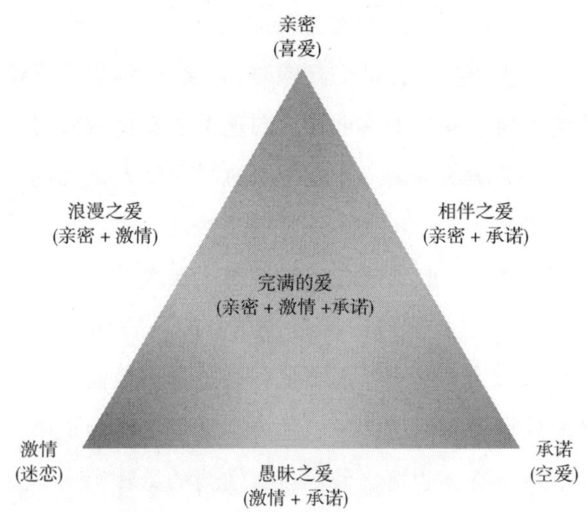

图 6-1 斯腾伯格[3]的爱情三成分理论

6-1)。

有些元素为所有爱情关系所共有，如相互理解、相互扶持、以爱人的陪伴为乐等。有些元素则具有特定性。如果我们经历的是激情之爱，那么我们就会用身体表达这种爱，我们期望这一关系具有排他性，我们对自己的伴侣痴迷。外人可以通过我们的眼睛看出这一切。

鲁宾[4]的研究支持了这一点。他用一份爱情量表，对密歇根大学的几百对情侣进行了施测。随后，他又通过设置在实验等候室的单向玻璃，观察并记录了热恋和非热恋情侣的目光接触时间（相互凝视表示喜欢，转移目光表示排斥[5]）。结果不出所料：

热恋的情侣会长时间地注视对方的眼睛。冈萨格等人[6]对情侣们进行的观察也表明，当情侣们交谈时，热恋的情侣会互相点头致意，自然地微笑，并且身体前倾。对速配者进行观察时，只需几秒钟就能相当准确地猜出一个人是否对另一个人感兴趣[7]。

激情之爱（passionate love）是情绪性的、令人兴奋的、强烈的爱。哈特菲尔德[8]把激情之爱定义为“强烈渴望和对方在一起的一种状态”（p.193）。对满怀激情之爱的一方而言，如果对方对自己的热情做出了回应，那么他就会感到满足而快乐；如果对方对自己的热情没有做出回应，他就会觉得空虚而绝望。就像其他激动的情绪一样，激情之爱也包含情绪的急转突变，忽而兴高采烈，忽而愁容满面；忽而心花怒放，忽而伤心欲绝。

关于激情之爱的理论

为了解释激情之爱，哈特菲尔德[8]指出，任何一种既定的生理唤醒状态最终都可归结为某种情绪，究竟被归结为哪种情绪，取决于我们对此唤醒状态如何进行归因。每一种情绪都包含身体和心理反应，既有生理唤醒，也有我们如何诠释和标识这一生理唤醒。想象一下，你现在正心跳剧烈、双手发抖：你是在经历恐惧、焦虑，还是喜悦？从生理上讲，这些情绪很相似。当你处在愉快的环境中时，你就可能把这种生理唤醒体验为喜悦；而当你处于充满敌意的环境时，你可能把这种生理唤醒体验为愤怒；而假如你正处在浪漫的情境中，你就可能把这种生理唤醒体验为激情之爱。从这个角度来看，激情之爱就是由于我们在生理上被有吸引力的人所唤醒而知觉到的心理体验。

如果激情是一种被标识为“爱情”的能带来兴奋感的状态，那么任何一种可以增加兴奋感的东西都应该可以增强对爱情的感受。有些实验通过让男性大学生阅读色情小说或观看色情电影而提高他们的性唤起，结果发现这些男生此时对女性有更强烈的反应——比如，当他们描述自己的女友时，在爱情量表上的打分更高[10]。沙克特和辛格[11]提出的**情绪双因素理论**（two-factor theory of emotion）认为，当处于兴奋状态的男性对女性做出反应时，他们很容易把自己的某些生理唤醒错误地归因于这位女性。

根据这一理论，倘若可以自由地把生理唤醒归因于某些浪漫的刺激，那么由任何来源所引发的生理唤醒都应该可以增强激情的感受。达顿和阿伦[12]设计了一项精妙的实验来验证这一现象。他们让一位魅力十足的年轻女子，站在位于不列颠哥伦比亚卡普兰诺河上 70 米高 137 米长的一座狭窄而摇晃的吊桥上，请求过往的男士帮助她完成一份课堂问卷。当对方完成问卷后，这名女子会留下自己的姓名和电话，然后告诉他如果想了解更多该项目的信息可以打电话找她。结果大部分的男士都收下了她的电话号码，而且有一半的男士确实打了电话。而与此相对，在低矮、坚固的桥上遇到这位女子的男士们，则很少打来电话。这一研究结果再次表明，生理唤醒促进了罗曼蒂克式的反应。

观看恐怖电影、乘坐过山车以及体育锻炼也都有同样的效果，特别是对那些我们觉得有吸引力的人[13]。这种效果也存在于已婚夫妇中。那些经常一起做一些可以提升彼此兴奋度活动的夫妇所报告的婚姻满意度最高。相对于完成一般的实验室任务，当夫妻双方共同完成一项提高激活水平的活动（比如两人的绑腿赛跑等）之后，往往会对其关系的总体情况报告更高的满意度[14]。肾上腺素使两颗相爱的心贴得更近了。

可见，激情之爱既是一种生理现象，又是一种心理现象。社会心理学家阿伦及其同事[15]的研究表明，激情之爱涉及与奖赏有关的脑区的活动，这些脑区的多巴胺较为丰富（见图 6-2）。

爱情也是一种社会现象。埃伦·伯奇德[16]说，爱情不仅仅是

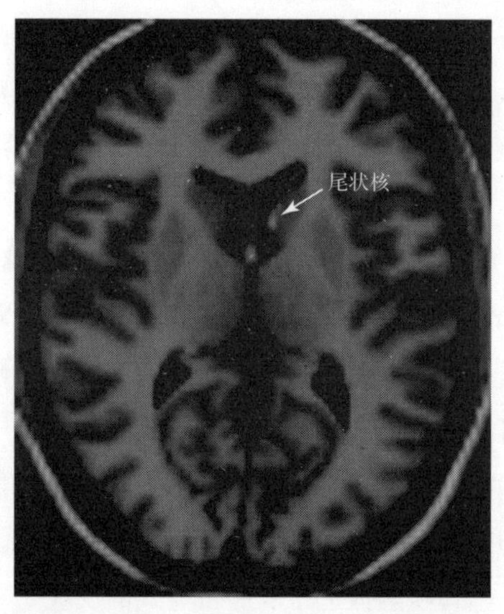

图 6–2　恋爱中的大脑。对热恋中的成人的 MRI 扫描发现，当凝视恋人的照片时，大脑的某些区域，例如尾状核就会异常活跃；可是当凝视其他熟人的照片时，该区域却不活跃[17]。

欲望。浪漫爱情是性欲和深厚友情的综合体。激情之爱 = 欲望 + 依恋。

影响爱情的因素：文化与性别

我们总是倾向于认为大多数人会与自己拥有相同的感受和想法。比如,我们会认为爱情是婚姻的前提。在大多数的文化中——在一项对 166 种文化的分析中占到 89%——人们都抱有浪漫爱情的观念，这种观念通过男女之间的调情和私奔等行为而反映出来[18]。但也有一些文化，特别是在那些实行包办婚姻的社会中，爱情出现在婚姻之后而非婚姻之前。甚至在半个世纪之前的美国，很多人也会将爱情和婚姻分开：20 世纪 60 年代，只有 24% 的女大学生和 65% 的男大学生认为爱情是婚姻的基础，而今天几乎所有大学生都这样认为[19]。

性　别

男女两性在热恋阶段的体验是否有所不同？关于男性和女性“坠入情网”和“结束爱情”等现象的研究得出了一些出人意料的结论。大部分人，包括下面这封信（写给一家报社的问答专栏作家）的作者都认为，女性比男性更容易坠入情网：

亲爱的“大哥哥”博士：

您觉得一个 19 岁的小伙子在爱情中陷得很深会不会显得有些“娘气”？就像整个世界都掉了个儿。我想我真的是

> 疯了，因为这样的事情已经多次发生，爱情似乎会突然击垮我……我父亲说这是女孩子的恋爱方式，男孩不会如此，至少男孩不应该这样。我无法改变自己的恋爱方式，但是这确实很令我烦恼。—P.T.[20]

很多重复研究的结果应该可以让 P.T. 打消顾虑，其实男人比女人更容易坠入情网[21]。男性似乎更难从一段爱情中解脱出来；而且相比于女性，男性更不会轻易结束一段即将迈向婚姻的爱情关系。在大多数的异性恋关系中，最先说出“我爱你”的往往是男性而非女性[22]。

但是，热恋中的女性一般会投入和她们的伴侣一样多的情感，甚至会比对方投入得更多。她们更倾向于报告自己体验到了愉悦和“无忧的眩晕感”，就像“飘在云端”一般。同样，女性似乎比男性更加注重友谊中的亲密感，也会更多地关心她们的伴侣。男性则比女性更多地想到恋爱中的嬉戏以及性的方面[23]。

伴侣之爱

尽管激情之爱像一段关系的火箭助推器那样炽烈地燃烧，但一旦这段关系进入稳定的轨道，它最终还是会平静下来。浪漫爱情的高潮可能会持续几个月甚至一两年，但是高峰期不会永远持续下去。喜剧演员理查德 · 刘易斯曾经诙谐地说：“当你恋爱时，这就是你一生中最为绚丽多彩的两天半。”那种新奇感，对对方的强烈迷恋，激动人心的浪漫，那种令人眩晕的“飘在云端”的快感，总会逐渐褪去。结婚两年的夫妻表达爱意的频率比他们新婚时少了一半[24]。在世界范围内，结婚四年之后的离婚率都是最高的[25]。如果一段亲密的感情能够经受住时间的考验，那么它就会最终成为一种稳固而温馨的爱情，我们称之为**伴侣之爱**（companionate love）。令人激情迸发的激素（睾丸素、多巴胺、肾上腺素）逐渐消退，而催产素则会维持依恋感和信任感[26]。

与激情之爱不同，相伴之爱可以持续一生。

与激情之爱中狂热的情感不同，伴侣之爱相对平和。它是一种深沉的情感依恋，激活的是另外的脑区[27]。它也是一种真实的爱情。身处非洲南部的卡拉哈利沙漠中的游牧民族的妇女尼撒说："两个人最开始在一起的时候，他们的心好像在燃烧，他们的激情非常高涨。而后，爱情的火焰会冷却，并且会一直维持这个状态。他们继续彼此相爱，但方式不同，换之以温馨而相互依赖的方式。"[28]

激情随着时间而冷却，而其他一些因素的重要性却随之增强，比如共有的价值观。我们可以在印度的一些包办婚姻家庭和自由恋爱家庭成员感受的差异中看出这种变化。那些结婚五年以上的自由恋爱夫妇，会觉得彼此之间"有爱情"的感觉越来越少了，而那些包办婚姻的夫妇则会在新婚五年后报告更多的爱情体验[29]（图 6-3；关于包办婚姻看似成功的其他数据见引文[30]）。

随着热烈的浪漫之爱逐渐冷却下来，人们经常会有一种幻灭感，特别是对那些将浪漫之爱视作双方结合和维持长久婚姻基础的人来说，这种感觉就会更加强烈。相比于北美，亚洲社会似乎较少强调个人感受，而更多强调现实的社会性依恋[31]。因此，他们更少体会到这种幻灭感。亚洲人也不太倾向于自我关注的个人主义行为方式，因为那种方式从长远来看会损害一段感情，并可能导致离婚[32]。

互相迷恋的强烈情感的衰减似乎是物种生存的自然适应策略。激情之爱的结果往往使一对夫妇得到孩子，而父母对彼此迷恋的减弱却有助于孩子的生存[33]。然而，对于那些婚龄超过 20

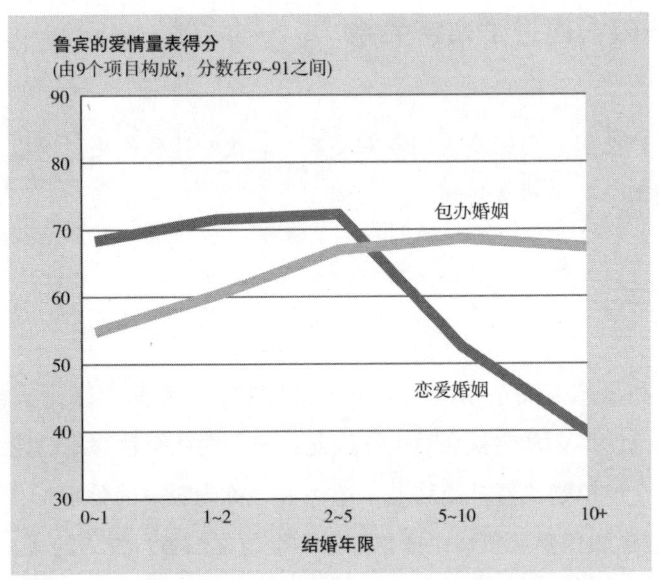

图 6-3 印度斋浦尔地区包办婚姻夫妇与自由恋爱夫妇对浪漫爱情的评价[34]。

年的夫妇，随着孩子长大成人、开始离开家庭独立生活，家庭中出现了“空巢”情况，曾经失去的浪漫感觉又重新出现，父母会重新关注彼此[35]。马克·吐温说：“没有一个人会真正理解爱情，直到他们维持了 1/4 个世纪以上的婚姻之后。”如果一段感情曾经是亲密的且互相回报，那么伴侣之爱就会植根于共同体验的人生风雨历程，从而愈久弥醇。但什么是亲密？什么是相互回报？

哪些因素促进了亲密关系

什么因素会影响人们亲密关系的起伏？让我们来讨论以下两个因素：公平和亲密度。

公 平

如果感情关系中的双方毫不考虑对方，都只追求个人需求的满足，那么友谊就会结束。因此，我们的社会教育我们彼此之间要交换馈赠，这被哈特菲尔德等人[36]称为吸引的**公平**（equity）原则：你和伴侣从感情中所得到的应该与你们各自投入的成正比。如果两个人的所得相同，那么他们的贡献也应该是相同的，否则其中的一方会觉得不公平。如果两个人都觉得自己的所得和付出成正比，那么他们都会觉得公平。

陌生人之间以及日常的熟人之间通过交换利益来保持公平：你借给我课堂笔记，将来我也会把我的借给你；我邀请你参加我的聚会，你也邀请我参加你的派对。而在那些持续时间较长的人际关系中，比如室友或者爱人之间，则并不会追求完全的等价交换——“笔记对笔记，聚会对聚会”[37]，而是更随意地通过一些不同利益的交换来达成公平（“你过来把笔记拿给我，为什么不留下来一起吃晚饭呢？”）。最终也就不再追究谁欠谁的了。

长期的公平

认为友谊和爱情植根于等价交换之上，这很愚蠢吗？有时候，难道我们不是在满足爱人需要时不求任何回报吗？确实，那些处于公平的长期关系中的人并不在乎短期的公平。克拉克和米尔斯[38]认为，人们甚至会努力避免算计交换的利益。当我们帮助一个好朋友的时候，我们并不在意马上获得回报。如果有人请我们吃了饭，我们会过一阵子才向这个人发出回请，以免让人以为回请只是对“社交债务”的偿还而已。什么是真正的友谊呢？就是人们在几乎不可能得到回报的情况下也会去帮助朋友[39]。与此类似，幸福的夫妻是不会斤斤计较自己付出几许、收获几许的[40]。当人们看到自己的伙伴牺牲了自我利益，他们彼此的信任就会有所增长[41]。

之前，我们提到过在匹配现象中存在着公平原则，即恋爱双方的“资本”通常是相当的。他们在外表吸引力、社会地位等方面往往是般配的。如果他们在某一方面不匹配，比如外表吸引力，那么他们在别的方面也会出现不匹配，比如社会地位。但总体上来看，他们之间的资本是平衡的。没有人会这样说，甚至很少有人会这样想：“我的美丽外表可以换取你的巨额收入。”但是，公平原则确实存在，在那些持久的感情中更是如此。

对公平的知觉与满意度

皮尤研究中心[42]的一项调查表明，在9种被人们认为是成功婚姻的象征物中，“分担家务”排在第三位（在“忠诚”和“幸福的性关系”之后）。事实上，处于公平关系中的人们往往满意度更高[43]。那些认为其关系不平等的人常会觉得不舒服：占了便宜的一方会觉得内疚，而被占便宜的一方会感到愤怒（考虑到自我服务偏差的存在——大部分的丈夫会觉得他们做的家务比妻子认为的要多——那些“占了便宜”的人对不公平更不敏感）。

谢弗和基思[44]调查了几百对各个年龄段的夫妇,他们注意到，有些人觉得自己的婚姻不公平，是因为某一方在烹调、家务、照顾孩子或挣钱养家等方面贡献过少。不公平是有危害的：觉得不公平的一方会更加沮丧和苦恼。在哺乳期，很多妻子都会觉得自己付出得多，而丈夫付出得少，于是这一阶段的整体婚姻满意度会降低。而在蜜月和“空巢”期，夫妇往往更容易觉得公平和满意[45]。如果双方的付出和获益都是自愿的，并且他们一起做决定，那么他们的爱情更容易持久和美满。

自我表露

深厚的伴侣关系是亲密无间的。这种关系使人们能真实地展现自己，并且感觉到被他人接纳。我们会从美满婚姻和亲密友谊中获得这种美好体验——在这样的关系中，信任取代了焦虑，我们可以自由地展现自己，而不需要担心失去对方的友情或爱情[46]。这种关系的特点是**自我表露**（self-disclosure）[47]。随着相互关系的深入和发展，自我表露的伴侣会越来越多地向对方展现自我；他们对彼此的了解更加深入。在良好的关系中，自我表露分享的很多是成功、胜利，以及彼此对好事的喜悦感[48]。当朋友与我们分享好消息带来的欢乐时，不仅会让我们更开心，而且也会让我们对友情的感觉更好[49]。

很多实验试图探索自我表露的原因和效果。人们什么时候最愿意谈论这样的私密信息呢？比如“你喜欢自己的哪些方面，不喜欢自己的哪些方面？”或者“你最羞愧的事情是什么？最骄傲的事情是什么？”这样的表露对双方有什么效果？

最值得信赖的结论是，人们之间存在**表露互惠**（disclosure reciprocity）效应：一方的自我表露会引发对方的自我表露[50]。我们会对那些向我们敞开胸怀的人表露更多。但是亲密的表露很少会即时发生（如果某人立即做出亲密的自我表露，那么这个人就会显得轻率和不可靠）。合适的亲密关系的发展过程就像跳舞一样：我表露一点，你表露一点，但都不太多。然后你再表露一些，而我也会做出进一步的回应。

对于那些恋爱中的人们，亲密关系的不断加深会使他们兴奋。鲍迈斯特等人[51]认为：“亲密关系的提升会创造强烈的激情感觉。”这可以解释为什么那些丧偶再婚的人会在婚姻开始时有相对较高的夫妻生活频率，也可以解释为什么严重的冲突在得到和解后，亲密关系可以激发更高的激情。

有些人，主要是女性，特别善于使人“敞开心扉”。她们可以轻易地引发他人进行亲密的自我表露，即使是那些通常很少表露自己的人[52]。这样的人似乎都是好的倾听者。在交谈中，他们会一直保持高度注意的面部表情，而且总是显得很乐意倾听[53]。对方说话时，他们也会时不时地插一些支持性的话语，以此表达自己对交谈的兴趣。心理学家卡尔·罗杰斯[54]把这种人称为“促进成长”的倾听者——他们是真正表露自己情感的人、接受他人情感的人，以及有同理心、敏感且善于思考的人。

这样的自我表露有什么效果呢？人本主义心理学家悉尼·朱拉德[55]认为，这种“扔掉我们的面具，真实地表现自己”恰恰是培植爱情的方式。他认为向他人敞开自我，同时将他人的自我表露当作对自己的信任，可以使人们之间的交往更加愉快。人们在表露了关于自己的重要信息后会感觉更好，比如告诉别人他们是同性恋者，而隐藏他们的这一身份就会令自己感觉很差[56]。那些在日常生活中常有一些深入或实质性的讨论而不仅仅是闲聊的人，往往会更开心。马赛厄斯·梅尔及其合作者[57]通过研究得出以上结论。他们给 70 名大学生佩戴了录音设备，每个小时记录 5 次谈话片段，每次 30 秒，共持续 4 天。

如果拥有一位亲密朋友，我们可以与其讨论我们对自我形象的恐惧，那么我们来自这方面的压力就会得以缓解[58]。一段真正的友谊还可以帮助我们处理其他关系上出现的问题。罗马戏剧作家塞内卡如是说：“当我和好友在一起时，就像跟我自己在一起一样，我可以想说什么就说什么。”婚姻的最佳状态也正是这样一种友谊，它以彼此的承诺和忠诚作为约束。

亲密的自我表露也是伴侣之爱带来的快乐之一。那些经常敞开自己心扉的夫妇或情侣，会报告更高的满意度，并且更容易保持长久的感情[59]。例如，一项针对同样深爱对方的新婚夫妇的研究发现，他们越是深入而准确地了解彼此，就越能享受持久的爱情[60]。那些认为自己"总是把最隐私的感情及想法与伴侣分享"的夫妻，往往对婚姻的满意度也最高[61]。那些特别沉默寡言的人，其婚姻满意度可能不及乐于敞开心扉的人[62]。

盖洛普进行的一项美国婚姻调查结果显示，共同祷告的夫妇中有75%（不共同祷告的夫妇中只有57%）的人报告说他们的婚姻非常幸福[63]。共同祷告的夫妻感到与伴侣更加一致和相互信任[64]。在信徒中，发自内心的共同祷告是谦卑的、私密的、触及灵魂的表露[65]。那些共同祷告的夫妇也更经常讨论他们的婚姻，更尊敬自己的配偶，把配偶评价为善解人意的爱人。

研究者还发现，女性通常比男性更愿意表露自己的恐惧和弱点[66]。正如女性主义作家凯特·米利特[67]所言："女人爱表达，男人多压抑。"难怪男性和女性都报告说，自己与女性朋友的友情更亲密、更愉快、更益于成长。在社交网站中，不论男性还是女性，似乎都更喜欢女性朋友[68]。

然而，现在的男性，特别是那些持男女平等观点的男性，似乎也越来越倾向于表达自己内心的感受，并乐于享受伴随双方信任和自我表露而来的满足感。阿伦等人[69]指出，这正是爱情的精髓——两个自我相互联系，相互倾诉，从而相互认同；两个自我各保持其个性，但又共享很多活动，为彼此的相同之处感到愉悦并相互支持。许多浪漫的伴侣最终都形成了"自我与他人一体"：也就是互相交织的自我概念[70]。

斯莱彻和彭尼贝克对亲密关系中的自我表露进行了研究[71]。他们邀请了 86 对情侣，要求其中的一方在三天内，每天花 20 分钟写出他们对这段亲密关系的深入思考和感受（在控制组，则是仅仅写出他们的日常活动）。那些仔细思考并写出感受的人在接下来的日子里对其伴侣表露了更多的情感。三个月后，实验组中 77% 的亲密关系仍在持续，而控制组这一比例却只有 52%。

互联网创造了亲密关系还是人际隔离

如果你是本书的读者，那几乎可以肯定你是世界上大约 30 亿（2015 年数据）互联网用户中的一员。在北美，家庭电话的普及率从 1% 上升到 75%，大概花了 70 年的时间；而互联网只用了大约 7 年时间，用户就达到了 75%[72]。你享受着社交网络、网上冲浪以及发短信带来的乐趣，也许还喜欢加入论坛或聊天室。

你对这些现象怎么看：在虚拟社区中，以计算机为媒介的沟通，能够替代人际关系中真实的沟通吗？它是扩展我们社交圈的绝佳方式吗？互联网能使我们更容易寻找到新朋友，还是占用了我们面对面的交往时间？让我们来看看下面的讨论。

正方观点：就像印刷品和电话一样，互联网扩展了沟通，而沟通使人际关系得以发展。印刷品使面对面讲故事的时间减少了，电话使面对面聊天的时间减少了，但它们都使我们不受时间和距离的限制，可以更加方便地与他人接触。社会关系需要建立人际网络，而互联网正好可以帮助实现这一目的。它使我们可以高效地

与家人、朋友、志趣相投的人联系，可以联络那些用别的方式不可能发现并结为朋友的人，如多发性硬化症病人、圣尼古拉斯的收藏者或《饥饿游戏》的粉丝。

反方观点：诚然，网络可以用于沟通，但这种手段传递的信息相当贫乏。它无法反映目光交流、非言语线索、身体接触等微妙的变化。除了一些简单的表情符号，电子信息缺乏手势、面部表情、语调等信息。难怪它们容易让人产生误会。缺乏有效的情绪表达，易使情绪被误读。

比如，语调只需有细微的差别，就可以传达出一个陈述是严肃的、开玩笑的还是讽刺的。贾斯汀·克鲁格等人[73]指出，尽管人们觉得自己开玩笑的意图无论在电子邮件还是口头表达中都同样清晰，但实际上，在电子邮件中并不清晰。由于匿名的原因，网络讨论有时会演变成充满敌意的骂战。

20 世纪 90 年代末，在一项对 4 000 名互联网用户的调查中，有 25% 的人报告说，他们的在线时间减少了与家人和朋友面对面交流和打电话的机会[74]。如今，这个数字可能比 25% 要高得多。此外，互联网还像电视一样，占用了人们在真实关系中的交流时间。网络上的讨论与面对面的亲密交谈毕竟不是一回事，而网络性爱也只是人为制造的亲密假象。个体化的网络娱乐取代了聚在一起玩的游戏。这种虚拟化与隔绝是令人遗憾的，因为我们进化的历史决定了我们天生需要真实的相互关系，充满了傻笑和微笑。

正方观点：但是，大多数人并不觉得互联网会造成隔离和孤立。

2014 年，美国 2/3 的互联网用户表示，在线交流加强了他们与家人和朋友的关系[75]。互联网的使用可能会替代面对面的亲密交流，但它也同时替代了花时间看电视。而且，如果说网络购物对实体商店不利，那么，它也为你的人际交往腾出了时间。远程办公也是如此，它使很多人可以在家工作，因此有更多的时间与家人在一起。

为什么说通过互联网形成的关系不真实呢？在互联网上，你的相貌和居处都无所谓，年龄、种族也不再有影响，你的友谊取决于另外一些更重要的东西——你们共同的兴趣和价值观。在工

在互联网上，没人知道你是一只狗。

互联网允许人们伪装自己。

作中，以计算机为媒介的讨论更少受到地位的影响，从而使人更为坦诚，且参与机会均等。并且，以计算机为媒介的沟通往往比面对面的沟通更能引发人们自发的自我表露[76]，这类表露被认为更亲密[77]。

大部分互联网上的调情都会无疾而终，一位多伦多妇女谈道："所有我知道的尝试过网上约会的人……都承认，花费（或者说浪费）几个钟头与一个网友闲聊之后见面，却发现他是个让人讨厌的人。"[78]对于这一现象，社会心理学家爱丽·芬克尔[79]及其同事丝毫不感到惊讶。通过近一个世纪对爱情相容性的研究，他们得出结论：在线相亲网站所用的套路不太可能让这些网站兑现自己的承诺。对能否成功建立亲密关系最好的预测因素，如交流方式或其他相容性指标，都只有在人们见面并相互了解之后才会出现。

不过，经网恋结合的已婚夫妇分手的可能性更小，对婚姻更满意[80]。相比面对面的交往，通过互联网结交的友谊和浪漫关系更容易保持至少两年时间[81]。在一个实验中，研究者还发现，人们在网上表露得更多，表现得更加诚实而不那么做作。如果拿网上相处 20 分钟的人与面对面相处 20 分钟的人相比，人们更喜欢那个网上的人。甚至在两种条件下碰到的是同一个人时，情况也仍然如此。在现实生活中的调查也显示，人们认为网上的友谊与现实中的友谊一样真实、重要和亲密。

反方观点：互联网可以使人们展现真实的自我，但同时也可以使

人们假装成任何他们想要的样子，有时甚至为了达到性欺骗之目的而不择手段。而且，网络色情和其他形式的色情作品一样，会扭曲人们对性的实际情况的认知，降低真实伴侣的吸引力，使男性更多地从性的角度看待女性，将性胁迫当作小事，为人们在性情境中的行为方式提供心理脚本，提高唤醒水平，致使去抑制并导致对无爱之性的模仿。

最后，罗伯特·帕特南[82]提出，以计算机为媒介的沟通带来的社会收益受到“网络社群巴尔干化”（cyberbalkanization）的限制。互联网使听力受损的人能够互相联络，但它也使白人至上主义者能够找到彼此，从而导致社会和政治极化。

随着关于互联网对社会影响的讨论的持续展开，帕特南[83]认为：“最重要的问题并非互联网对我们造成了怎样的影响，而是我们应该如何对待互联网……我们如何利用这种技术来增强我们的人际关系？我们如何改进技术以增强社会存在、增加社交反馈以及提供更多的社交线索？我们如何利用这种快速而经济的沟通手段，以弥补当前现实社会正在发生的结构损耗？”

亲密关系是如何结束的

1971 年，一个小伙子给自己的新娘写了一首情诗，然后把它塞进瓶子并扔到了西雅图和夏威夷之间的太平洋海域。10 年后，有人在关岛附近的海岸慢跑时发现了这首装在瓶子里的情诗：

当你看到这封信的时候，也许我已垂垂老矣。可是我相信，我们的爱还会像今天这样历久弥新。

这封信可能要花上一周甚至若干年才能“找到你”……即使它永远都不能到你手中，可它依然写在我的心里，我会不顾一切地去证明我对你的爱。

你的丈夫，鲍伯

发现情书的人通过电话找到了那位十年前的新娘。当把情书的内容读给她听时，她竟然大笑起来，而且越听就笑得越厉害。最后，她只说了一句“我们已经离婚了”就挂断了电话。

事实通常如此。聪明的头脑也会做出愚蠢的决定。人们将自己不满意的婚姻关系与想象中可从别处获得的支持和情感相比较，越来越多的人选择离婚。每年，加拿大和美国每两次结婚登记的同时就有一次离婚登记。20 世纪 60 和 70 年代，随着离婚的经济和社会障碍减弱，离婚率开始不断上升。美国福音派学者吉尼斯 [84] 的话颇有讽刺意味 ：“我们活得更长了，但爱得更短了。”

谁会离婚

若要预测一种文化中的离婚率，最好是先了解这种文化的价值观 [85]。相对于集体主义文化（在这种文化中，爱情意味着承担责任，人们在意的是“别人会怎样说？”），在个人主义文化（在这种文化中，爱情是一种感受，人们在意的是“我自己的感觉如何？”）中会有更多人离婚。个人主义者结婚是“为了我们彼此相爱”，而集体主义者更多是为了生活而结婚。个人主义者期待婚姻中有更多激情和个人的自我实现，这给婚姻关系带来了更大的压力[86]。在一组调查中，有78%的美国女性认为“保持浪漫”对良好的婚姻十分重要，而在日本女性中这一比例只有29%[87]。芬克尔等人[88]认为，在个人主义时代，婚姻变得更具挑战性，因为人们期望从婚姻中得到更多的满足，但却在婚姻上投入更少的资源——这是一个潜在的不可能的等式。

然而，即使在西方社会，那些在结婚时已经深思熟虑且打算长相厮守的人，确实也会有更健康、稳定而长久的婚姻[89]。持久的关系一方面是由于持久的爱和满意，但同时也是由于对离婚或分手成本的恐惧、道德责任感，以及尚未发现有其他可能的伴

“你难道不明白吗？我爱你！我需要你！
我想跟你共度余生！”

侣[90]。对于那些决心维持婚姻的人来说，婚姻通常能够长久。

那些看重婚姻承诺甚于结婚意愿的人，通常能够容忍一次又一次的冲突和不满。美国的一项全国性调查发现，那些婚姻不幸福但仍然维持婚姻关系的人，5 年后被再次访谈时，竟有 86% 的人认为自己的婚姻现在“非常”或“相当”幸福[91]。相比之下，那些“自恋者”结婚时则没有那么坚定的承诺，因此，他们拥有一段长久成功婚姻的可能性也就相对较小[92]。

离婚的风险大小同样取决于谁跟谁结婚[93]。符合下列条件的夫妇通常不会离婚：

- 20 岁以后结婚
- 都在稳定的双亲家庭里长大
- 结婚之前恋爱了较长一段时间
- 经历过较好且相似的管教
- 有稳定的收入
- 居住在小城镇或农场里
- 结婚之前没有同居或怀孕过
- 彼此之间有虔诚的承诺
- 年龄相当，信仰和受教育水平相似

这些预测因子中没有一个能够独立作为稳定婚姻的实质要素。它们只是与稳定的婚姻相关，并不存在必然的因果关系。但是，如果某人的情况与以上各条均不相符，那么他的婚姻几乎必定要破裂。如果一对夫妻的情况与以上各条全部相符，则他们非常有可能白头偕老。英国人在几个世纪之前的想法可能是对的，那时他们就认为，因一时激情而做出长相厮守的决定是愚蠢的。他们相信，基于稳定的友谊以及相近的背景、兴趣、习惯和价值观而去选择伴侣会更好[94]。

分离的过程

亲密关系有助于我们确定自己的社会同一性，并形成自我概念[95]。因此，当亲密关系建立时，如孩子出生、建立友谊或坠入爱河，是我们人生中最快乐的时刻；而当亲密关系因死亡或关系破裂而结束时，是我们人生中最痛苦的时刻[96]。一刀两断会产生一系列可以预料的结果，最初对失去的伴侣不能释怀，然后是深深的悲伤，最后开始了情感上的分离，放下故人而关注新人，并对自己有一种全新的认识[97]。即使早已没有感情的夫妻，在刚离婚的时候也会惊讶于自己竟然还有接近对方的意愿。深入而长久的依恋关系很难快速分离，分离是一个过程，而不仅仅是一个事件。

在约会的情侣中，关系越是亲密、长久，可选择的其他对象越少，分手时就越痛苦[98]。令人惊讶的是，鲍迈斯特和沃特曼[99]的报告指出：数月或数年之后，拒绝别人的爱，竟比自己的爱被拒绝唤起了人们更多的痛苦。人们的痛苦来自对伤害他人所感到的内疚，来自心碎的爱人的执著所引起的不安，也来自不知该如何应对。对已婚者来说，离婚还有额外的代价：父母和朋友感到震惊，因自己违背誓言而内疚，为家庭收入减少而苦恼，陪伴孩子的时间也可能减少。然而，每年仍有上百万对夫妻愿意付出这些代价而使自己获得解脱，因为他们觉得，维持一段痛苦而无益的婚姻关系将是更大的代价。在一项对 328 对已婚夫妇的研究中发现，维持一段不幸婚姻的代价还包括，与婚姻美满者相比，婚姻不和谐者出现抑郁症状的概率会高出 10 倍[100]。然而，如果婚姻是“非常幸福”的，整个生活通常也会“非常幸福”（见图 6-4）。

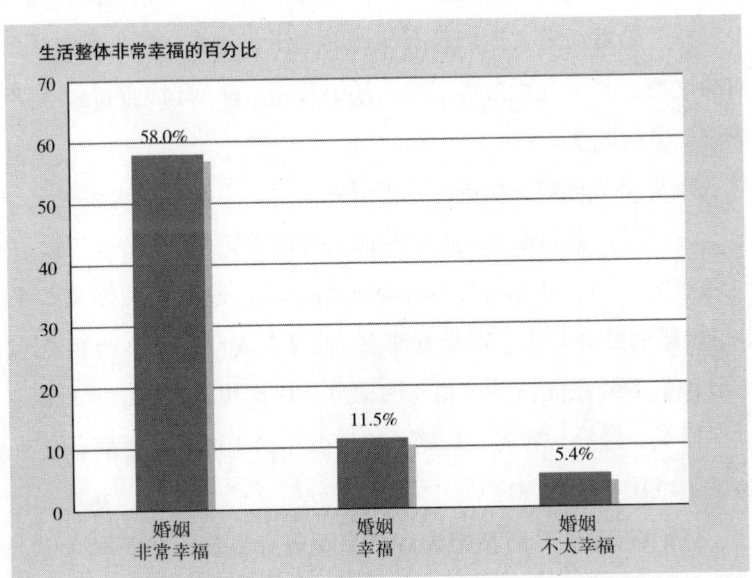

图 6-4　美国民意调查研究中心对 1972—2014 年间 31 836 位美国已婚者的调查。

资料来源：National Opinion Research Center.

当婚姻关系令人感到痛苦时，那些没有更好的可选对象或感觉自己为婚姻投入（时间、精力、共同的朋友、财产，也许还有孩子）太多的人，通常会去寻找离婚之外的其他应对方式。鲁斯布尔特和她的同事[101]发现了人们处理失败婚姻关系的三种方法。一些人会忠诚于伴侣，等待时机以改善关系。婚姻关系问题如此痛苦，令人不愿直面，加之离婚的成本太高，因此忠诚的一方会坚持，期待昔日美好光阴的重现。另一些人（尤其是男性）会忽略伴侣，他们无视另一方的存在，任由婚姻关系不断恶化。当他们忽略痛苦和不满，情感上的分离便随之而来，伴侣之间谈话更少，并开始重新定义他们没有彼此的生活。还有一些人会表达他们的忧虑，并采取积极措施改善婚姻关系，例如讨论问题、寻求建议、尝试改变。

涉及 45 000 对夫妻的 115 项研究显示，不幸福的夫妻彼此争吵、命令、指责和羞辱，而幸福的夫妻通常更多一致、赞同、妥协和欢笑[102]。在观察了 2 000 对夫妇之后，约翰·戈特曼[103]提出，健康的婚姻并不见得没有冲突，而是夫妻双方能够调和差异，并且他们的爱意能够胜过相互的指责。在成功的婚姻中，积极互动（微笑、触摸、赞美、欢笑）与消极互动（讥讽、不满、羞辱）的数量之比至少为 5:1。

休斯顿等人[104]对新婚夫妇的追踪研究发现，痛苦和争吵并不能预测离婚（大多数新婚夫妇都经历过冲突）。真正能够预测婚姻危机的因素是冷漠、幻灭和无助。斯旺等人[105]发现，当羞怯的男子找了个爱挑剔的女子为妻时，情况更是如此。

婚姻成功的夫妻有时能从沟通训练中获益，从而学会如何抑制恶性侮辱和本能反应，更加积极地思考和行动[106]。采用非侮辱性言语表达感受，以平息怒火，不将冲突的矛头指向个人，比如可以说："我知道这不是你的错。"[107]夫妻吵架时，随机安排他们其中一部分少一些情绪化的思考，多从旁观者的角度看问题，结果发现，这会显著提高他们之后对自己婚姻的满意度[108]。如果双方都愿意像幸福的夫妻那样做——少些抱怨和指责，多些肯定和赞许，腾出时间冷静地表达各自的观点，每天一起祷告或娱乐——不幸的婚姻关系是否会得到改善？态度因行为而变，那么情感是否也会这样呢？

凯勒曼等人[109]想知道这个猜测是否成立。他们明白，热恋中的情侣眼神的凝视通常是持久且相互的[110]。亲密的凝视是否也能激发非情侣的异性之间产生爱恋呢（就像 45 分钟逐步增强的自我表露能够在不相识的大学生中产生亲密感）？为了回答这个问题，他们要求不相识的一对男女专心地彼此凝视两分钟，一种实验条件是凝视对方的手，另一种实验条件是凝视对方的眼睛。当他们分开后，凝视眼睛者中更多人报告有触电般的感觉且被对方吸引。模仿相爱的行为也能够激发爱情。

罗伯特·斯腾伯格[111]认为，通过扮演和表达爱意，最初的浪漫和激情能够发展成持久的爱情：

> "从此过上幸福的生活"并非只能出现在童话故事中。但若要将其变为现实，那么在关系的各个时期，幸福都必须

> 建立在相互感受的不同配置上。渴望激情永存或亲密关系不受挑战的伴侣一定会感到失望……我们必须致力于不断地理解、构建和再造我们的爱情关系。关系是一种建构，如果没有得到维持和改善，就会随着时间而衰退。我们不能简单地期望爱情关系会自我维护，就像我们不能指望建筑物能自我维护一样，我们有责任努力使我们的爱情关系一直处于最佳状态。

假如婚姻幸福的心理要素是心意相通、交往和性的亲密，以及平等的给予和获取情感与物质资源，那么法国的这句谚语——“爱情消磨了时光，时光也消磨了爱情”——就可能站不住脚。但是人们必须付出努力才能防止爱情消退。例如，每天挤出时间来聊聊当天发生的事情，克制自己的唠叨，不争吵，袒露自己并倾听对方的感伤、关切和梦想。努力使关系达到一种“无阶级的、社会平等的乌托邦”[112]，在这个完美世界里，伴侣双方都能自由地给予和获取，共同做决策，一起享受生活。

7

冲突的缘由

很多国家的领袖用不同的语言重复着同一论调："我们国家历来都是爱好和平的，但是别的国家对我们造成了威胁。因此，我们必须保护自己免遭别国的攻击。惟其如此，我们才能保卫我们的生活方式，维护持久的和平。"[1] 许多国家都声称只关心和平，而其他国家不值得信任，因此必须武装自己以自卫。这样做的结果是，全球每天花费在军队和武器上的开支高达 50 亿美元，同时却眼睁睁地看着数百万人在营养不良或缺医少药中死去[2]。

从国家到个人，在许多不同的层次上，**冲突**（conflict；认识到的行动或目标的不相容）的元素都是类似的。让我们逐一展开讨论。

社会困境

一些对人类未来威胁最大的问题，如核武器、全球气候变暖、人口过度增长、鱼类资源减少以及自然资源枯竭等，其根源都是不同的团体追逐各自的私利所致，具有讽刺意味的是，这些行为最终也损害了他们的利益。作为一个个体可能会想："我自己排放出的温室气体是微不足道的，而购买昂贵的温室气体排放控制系统要花去我一大笔钱，这不划算。"许多其他人也有类似的想法，到头来结果就是，我们不得不面对气候变暖、冰盖融化、海平面上升以及更加极端的天气。

对个体有利的选择反倒对集体不利，于是一个亟待解决的两难问题产生了：我们如何使个体的自我私利与集体的共同福祉协调一致？

为了分离并研究这种困境，社会心理学家们用实验室游戏来揭示许多现实社会冲突的实质。"研究冲突的社会心理学家，在许多方面与天文学家有类似之处，"冲突研究学者莫顿·多伊奇[3]如是说，"对于大规模社会事件，我们无法用真实验做研究，但是，我们可以像天文学家利用行星与牛顿苹果的概念相似性那样，用小样本推论大规模总体，从而建构我们的理论。这就是为什么在实验室中用少量被试进行的游戏，同样可以加深我们对战争、和平以及社会公正的理解。"

在这里我们将考虑两个**社会困境**（social trap; 冲突双方陷入相互破坏的行为中）的例子：囚徒困境和公地悲剧。

囚徒困境

这个难题源于一个故事，故事的核心是地方检察官使用不同的策略，分别审问两个犯罪嫌疑人[4]。检察官知道他们合伙犯罪，但是掌握的证据只能判他们较轻的罪。因此检察官设置了一种机制，激励他们各自承认自己的罪行：

- 如果一个嫌疑犯A认罪而B不认罪，检察官将豁免A，并利用A的供词使B得到最严厉的判决(反之，若B认罪而A不认罪，亦然)。
- 如果两个嫌疑犯都认罪，他们都将得到中等程度的判决。
- 如果两个人都不认罪，他们都会被定一个较轻的罪，得到较轻的判决。

图7-1的矩阵总结了各种选择带来的结果。如果你是其中的一个嫌疑犯，面对着同样的困境，而且你又无法和你的同伙商量，你会认罪吗?

为了使自己的判决减至最轻，很多人都会承认罪行，尽管两个人都不认罪带来的惩罚要比两个人都认罪轻。从图7-1的矩阵中我们可以看出，这可能是因为，不管另一嫌疑犯如何选择，对各自来说认罪总是比较有利的选择。如果另一名嫌疑犯也认罪，那么自己将得到中等惩罚而非最重的惩罚；如果另一名嫌疑犯不认罪，那么自己就可以直接获得自由。

面对囚徒困境的各种变式情境，大学生们需做出的选择是要

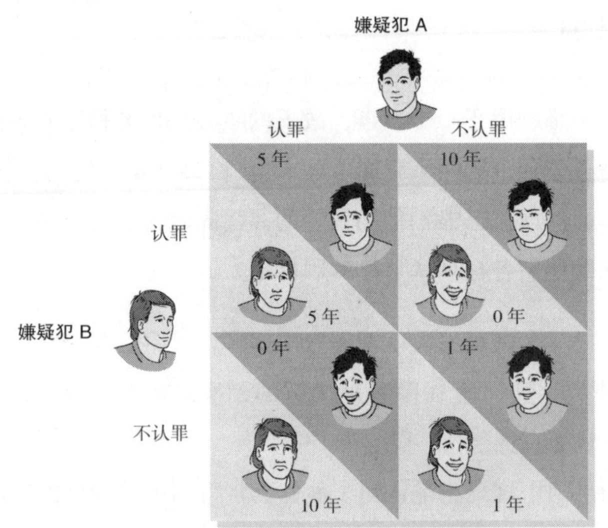

图 7–1　经典的囚徒困境。在每个格子中，斜线以上部分表示嫌疑犯 A 得到的处罚。我们可以看到，如果两名嫌疑犯都认罪，他们都会被关 5 年；如果两人都不认罪，那么都被关 1 年；如果只有一人认罪，那么认罪的那个人就会被释放，另一个倒霉蛋则要被关上 10 年。如果你是其中一个嫌疑犯，而且你没法和你的同伙商量，在这样的情况下你会认罪吗？

么合作，要么背叛。面临的后果不再是牢狱之灾，而是薯条、钱或学分。在任何一种选择中，背叛总是能得到较好的结果（因为这一行为可以从另一方的合作中获益，或防止另一方的背叛给自己带来严重后果）。但是难就难在，如果双方不合作，他们得到的结果总是比互相信任并获得合作收益的情况坏很多。这个难题常常令人抓狂，一方面双方都知道他们均可以从合作中受益，另一方面他们却无法沟通从而相互信任，所以他们经常“被锁定”

在不合作的模式之中。在校园之外，类似的例子比比皆是：以色列和巴勒斯坦的边境冲突、美国共和党和民主党关于税收与财政赤字的冲突，以及职业运动员和球队老板之间关于薪水的矛盾，这些冲突似乎都不可调和且代价不菲。

对他人的不合作进行惩罚，看上去似乎是明智之举，但是在实验室里它却会产生反效果[5]。惩罚通常会引发报复，也就是说，那些实施惩罚的人往往会升级冲突，造成结果的恶化，而好人会最先出局。惩罚者所认为的自卫反应，在被惩罚者看来却是攻击升级[6]。而当被惩罚者有机会回击的时候，可能会回击得更重，但他们觉得自己只是在以牙还牙。在一项实验中，实验者要求伦敦的志愿者在接收到他人用机械装置传递的压力时，通过一个机械装置将压力传回到另一个人的手指。尽管要求参与者互相给予对方同等强度的压力，但他们往往会多返回 40% 的力量。这样，轻触很快升级为重压，很像小孩子常说的："我只是碰了他一下，他就打我！"[7]

公地悲剧

很多社会困境都包含了两个以上的利益相关方。例如，全球气候变暖则是源于对森林的滥砍滥伐，以及汽车、燃炉和火力发电对二氧化碳的排放。但是，每一辆汽车排放的尾气对整个问题来说微不足道，其危害也由许多人来分摊。为了模拟这类社会困境，研究者们开发了涉及多人的实验室困境。

生态学家加勒特·哈丁[8]把这种社会困境表现出的丑恶人性比喻为**公地悲剧**（Tragedy of the Commons）。这一名称来源于旧时英格兰乡镇中心牧场。

在当今世界，“公地”可以指空气、水、鱼类、饼干或是其他任何被共享却有限的资源。当所有的人都适度地利用资源时，资源再生的速度可以与资源消耗的速度相匹配。牧草得以生长，鱼类得以繁衍生息，饼干罐也会被重新填满。但是，一旦对资源的利用超过限度，公地悲剧就会发生。假设有100个农民占有一块能给100头牛提供足够牧草的草地，当每个农民在这个牧场养一头牛时，对资源的利用是最优的。但是某一农民可能会有这样的想法：“如果我多养一头牛，我的收入就可以翻倍，而草地只会受到一点点影响。”因此他养了第二头牛。当所有的农民都这样做时，结果可想而知，公地悲剧就不可避免了，最后肥美的牧场将沦为一片蛮荒之地，牛都会被饿死。

类似地，人类对环境的污染也是由很多轻微的污染一步步累积而成的。对每一个污染者来说，停止污染给他们（也给环境）带来的好处，与污染给其带来的方便相比仍是不值一提。我们在保持个人住所卫生的同时，却在公共场所——诸如宿舍走廊、公园、动物园——随地乱扔垃圾。我们也会为了直接的个人利益而消耗人类的自然资源，比如，洗一个长时间的热水澡，对环境而言代价看起来微不足道，而于个人却有实实在在的好处。捕鲸者知道，即使他们不去捕鲸，别人也会去捕，并且多捕几条鲸也不会对该物种造成什么影响。悲剧就这样发生了，与所有人都密切相关的事情（比如环境保护）竟成了无人关心之事。

这种个人主义是否为美国所独有？萨托在更加倾向于集体主义文化的日本就此进行了实验研究[9]。实验开始时，被试都支付相同数量的钱来种植一片虚拟的森林，实验中他们可以通过砍伐虚拟的树木挣到钱，实验的结果与西方文化背景下的基本一致：超过一半的树木在生长至最佳砍伐期前就被抢着砍掉了。

萨托的森林让我想起了自己家里的饼干罐子，这个罐子每周补足一次饼干。我们应该在重新装满罐子之前保证罐子不是空的，以确保我和家人每天都能吃两三块。但是，缺乏节制以及对其他家庭成员的不信任，致使我们禁不住一块接一块地最大化自己对饼干的消费。结果是 24 小时内饼干就被消灭殆尽，在这周剩余的时间里，罐子空空如也。

囚徒困境和公地悲剧有一些相似的特征。首先，在这两种情境下，人们都容易用情境因素来解释自己的行为（“我不得不提防被对方利用”），而用内在倾向来解释对方的行为（“她很贪婪”“他不可靠”）。大多数人从未意识到，对方看待他们时同样会有这样的基本归因偏差[10]。

当穆斯林杀害美国人时，西方媒体将其归咎于邪恶的本性——原始的、狂热的、可恶的恐怖分子。当一名美国士兵杀害了 16 名阿富汗人，其中包括 9 名儿童时，人们说他在承受经济压力和婚姻问题，正为错过升职而沮丧不已[11]。对暴力的解释也会因本方是实施者还是受害者而不同。

其次，行为的动机是在变化的。在一项任务中，开始时人们的动机可能是挣些小钱，然后变成了尽可能减少自己的损失，到了最后就只是为了保存脸面以防止彻底的失败[12]。这种动机的变化在 20 世纪 60 年代的越南战争中体现得尤为明显。战争刚开始的时候，约翰逊总统在他的演讲中常常强调战争是以自由、民主和正义为目标的，但是随着冲突的升级，总统的论调便成了为了美利坚的荣誉并防止战败带来耻辱而战。

再次，现实生活中的多数冲突，就像囚徒困境或公地悲剧一样，是**非零和博弈**（non-zero-sum games）。冲突双方得到的利益和损失之和并不一定为零。双方可能都赢，也可能都输。每种情境都将个人能够在短时间内得到的回报与群体的长期利益对立起来。在面对这类令人头疼的问题时，即使每个人都表现出了足够的"理性"，其结果仍有可能是灾难性的。大气层中二氧化碳含量增加导致的气候变暖，并不是某个丧心病狂的人蓄意策划的。

并非所有的利己行为都对集体有害。在一块富饶的公地上——正如 18 世纪英国古典政治经济学家亚当 · 斯密[13]所描述的世界——每个人都寻求个人利益的最大化，这一过程也恰恰促进了整个社会的利益。亚当·斯密通过对生产行为的观察得出："我们能够得到我们的晚餐，并不是因为那些屠夫、酿酒师或是面包师大发善心，而是因为他们关心自身的利益。"

解决社会困境

在现实生活中，许多人以合作的态度来处理共同困境，期望他人也能有类似的合作，从而增进他们集体的福祉[14]。研究者通过对实验室中安排的两难困境的研究，为我们提供了几条促进共同福祉的可能途径[15]。

适当管制

如果税收的征缴完全依靠人们的自觉性，那么会有多少人交出应当交付的数目呢？很显然，对多数人来说是做不到的。因此在现代社会中，不能仅靠慈善事业来支付学校、公园以及社会和国防安全的开支。我们制定了很多规则来保护公共资源。长期以来，捕鱼、打猎的季节和限度都受到控制。在国际范围内，国际捕鲸委员会规定了一个使鲸能得到足够繁殖机会的捕捞限制。同样，在渔业，阿拉斯加的大比目鱼渔场实施了“捕捞配额”制度。该制度保证每个渔民每年一定比例的可捕捞量，从而大大地减少了竞争和过度捕捞行为[16]。

小即是美

另一种解决社会困境的方法是，缩小群体的规模。在一个较小的集体中，每个人都能更加明确地感受到自己的责任和自己对集体的影响[17]。而当一个集体变得较大时，人们就更容易会这样想：“反正我也不会起多大作用。”正是这一想法常常导致不合作[18]。

在较小的集体中，团队的成功也能够给成员带来更多的认同感。居住稳定性也会增强公共认同感和亲社会行为[19]。我从小在太平洋西北部的岛屿上长大，我们的小社区共享一个社区蓄水池。在炎热的夏天，当蓄水池水位下降时，警示灯就会亮起，提醒我们 15 个家庭注意节约用水。由于意识到对彼此的责任，并感觉到自己节约用水是起作用的，所以我们每个人都注意节约，蓄水池也从未干涸过。但在较大的公共场所，例如城市，让居民自愿节约用水相对较难实现。

进化心理学家罗宾·邓巴[20]注意到，部落的村庄和氏族的规模通常为 150 人左右，足以相互支持和保护。若规模再大，便超出了一个人的监管能力。这些看似自然形成的群体规模，他认为，同时也是商业组织、宗教团体和军事作战单位的最优规模。

沟　通

人们只有通过沟通才能解决某些社会困境。实验室创造的情境与现实生活一样，群体沟通有时会恶化成恐吓和言语侮辱[21]。但是在更多的情况下，沟通可促成人们的合作[22]。对困境的讨论会增进小组成员的群体意识，并使成员们更加关注小组的整体利益。通过沟通，也能制定出一套群体规范和期望，并对组内成员产生一定的服从压力。在沟通过程中，尤其是当人们面对面交流时，他们可以产生很好的合作行为[23]。

在缺乏沟通的情况下，那些预期别人不会有合作行为的人，自己通常也会拒绝合作[24]。缺乏信任的人几乎肯定不会与别人合作（防止吃亏），而缺乏合作又带来了更深的不信任（“我还能怎么样呢？这个世界就是黑吃黑”）。在实验中，沟通减少了不信任感，使人们有可能达成一致，使他们的共同利益得到增加。

改变激励机制

当实验者改变支付矩阵中的激励机制，使合作行为得到奖励，自私行为得到惩罚时，人们的合作行为就会增加[25]。激励机制的改变也有助于解决一些实际的困境。例如在一些城市中，由于人们喜欢开车上班的便利，高速公路常常出现交通堵塞，并且造成严重的空气污染。每个人都认为多一辆车对交通情况和污染只产生微不足道的影响。为了改变个人对成本收益的计算，许多城市对拼车出行和电动汽车的使用提供了激励，包括在高速公路上开辟专用车道以及降低通行税。

倡导利他规范

当合作行为明显有利于公共利益时，人们可以有效地诉诸社会责任规范[26]。在 20 世纪 60 年代争取公民权利的斗争中，许多领导者往往会情愿为了更大群体的利益而遭受折磨、拷打和牢狱之灾。在战争时期，人们为了自己国家或民族的利益也常常会做出巨大的个人牺牲。正如温斯顿 · 丘吉尔对二战中英国军人做出的评价，战争中英国皇家空军飞行员的行为是完全无私的：很多人都非常感激那些奔赴战场的人，因为他们明知每一次任务都有大约 70% 的飞行员无法平安回来，却依然坚定地去完成他们的任务[27]。

综上所述，能够减少社会困境危害的方法包括：制定法规以管制利己行为；将群体分为较小单位；让人们能够充分地沟通；改变激励机制使合作能得到更多的回报；倡导利他的行为规范。

竞 争

当不同的群体为稀缺的职位、住所和资源进行竞争时，往往会产生敌意。当利益相抵触时，冲突便产生了。当感受到威胁时，比如感受到经济或恐怖主义的威胁，荷兰公民的右翼威权主义会上升[28]。当提醒美国白人，少数族裔正在成为加州人口的主流，他们的观点（无论支持哪个政党）便会转向更为保守的方向[29]。

为了通过实验研究竞争的作用，我们可以随机将一些人分为两组，让他们为某种稀缺的资源而竞争，然后观察他们在竞争中表现出的行为模式。谢里夫[30]及其同事们正是这样做的，他们以一群典型的11~12岁的男孩为被试进行了一系列有意思的实验。这一实验的灵感，来源于谢里夫对1919年目睹希腊军队入侵他的家乡土耳其的回忆。

> 他们开始四处杀人。（那）给我留下了难以磨灭的印象。自那时起，我开始对人类为何会有如此的行径产生了兴趣……我希望能够通过科学或者任何别的专业手段，搞明白这种群体间的野蛮行为[31]。

在研究了野蛮行为的社会根源之后，谢里夫将这些可能的要素引入几个为期三周的夏令营活动中。在其中一项研究中，谢里夫将 22 名来自俄克拉何马州互不相识的普通男孩分成两组，并用巴士把他们分别带到不同的童子军营地。两个童子军营地均位于俄克拉何马州的山贼洞州立公园，相距半英里。在活动的第一周，两组童子军都不知道对方的存在。通过准备食物、扎营、修建游泳池和建立绳桥等活动，两组童子军内部分别形成了比较亲密的关系，并且各自给自己的小组起名为“响尾蛇”和“老鹰”。为了表达对童子军生活的满意，其中一间小木屋上还写上了“家，甜蜜的家”的字样。

在群体认同确立之后，两个小组也将进入冲突的产生期。在第一周即将结束的时候，响尾蛇组成员“发现老鹰组成员出现在‘我们的’棒球场上”。此后，夏令营活动的组织者在两组童子军间开展了一系列竞争性活动（包括棒球比赛、拔河、营地内务检查、寻宝等），两个小组对这些活动均显示了很高的热情。在游戏中两组必须分出胜负，所有的优待（奖章、小刀之类的奖品）都属于获胜的一方。

结果如何呢？整个营地逐渐进入了公开的战争状态，一切就像威廉·戈尔丁的小说《蝇王》中描写的场景——被困荒岛的一群男孩出现了社会解体。在谢里夫的研究中，冲突是从比赛过程中双方对骂开始的，然后迅速升级为餐厅内的“垃圾大战”，烧毁对方的旗帜，对对方营地进行抢劫甚至互殴等严重的争斗行为。当被要求对另一个小组进行描述时，男孩们使用的形容词包括“卑鄙的”“自作聪明的”和“臭鬼”，而在评价自己的组员时使

竞争导致冲突。在谢里夫的山洞实验中，一组男孩洗劫了另一组男孩的营地。

用的则是“勇敢的”“坚强的”和“友好的”。这段艰难的经历致使一些男孩尿床、逃跑、想家，并且之后总是回忆起一些不愉快的经历[32]。

决出胜负的竞争活动带来了激烈的冲突，对别组成员的歧视，以及组内强烈的团结意识和集体荣誉感。群体极化也加剧了冲突。在鼓励竞争的环境中，群体总会表现出比个人更多的竞争性行为[33]。即使在听到提倡宽容的信息后，内群体的讨论往往也会放大对冲突中另一群体的厌恶[34]。

两组之间没有任何文化、体质或经济上的差异，而且这些男孩在他们的社群中都是“精英”，但还是发生了上述的一幕幕。谢里夫提到，如果我们此时来到这个营地，我们会认为这些男孩是“一帮邪恶、自私而贪婪的浑小子”[35]。事实上，他们的邪恶是被邪恶的环境诱发的。幸运的是，正如我们将要看到的，谢里夫不但将陌生人变成了敌人，后来他又能让他们化敌为友。

认识到的不公正

“这不公平！”“简直是抢劫！”“我们应该得到更多！”类似的话语代表了由于认识到不公正而产生的冲突。

但什么才是“公正”呢？根据社会心理学家的理论，人们将公正理解为公平，即根据个体的付出或贡献，按比例分配报酬[36]。如果你和杰米有某种关系（例如雇主与雇员、老师与学生、丈夫与妻子或同事关系），当你们的付出和所得满足下列等式时，你们之间就是公平的：

$$\frac{我的所得}{我的投入}=\frac{你的所得}{你的投入}$$

如果你的贡献比杰米大而获得的收益却没杰米多，你就会感到被剥削了而恼火；杰米可能觉得剥削了你而感到内疚，不过你可能比杰米对不公平更加敏感[37]。

我们也许会同意用公平原则来定义公正，但对我们的社会关系是否公平却往往不能达成一致。对于一家公司中的两个员工来说，他们各自会怎样看待相关投入呢？年纪较大的员工可能希望按照资历来安排工资水平，而年轻员工则希望按照当前的生产效率来定工资。当出现这样的分歧时，谁的意见会胜出呢？那些拥有社会影响力的人通常会说服自己和他人：他们获得的就是他们应得的[38]。这一现象被称为“黄金”法则：谁拥有黄金，谁制定规则。

误 解

还记得冲突是认识到的行为或目标的不相容。实际上，很多冲突中真正不相容的目标只是核心的一小部分，更大的问题来自对对方动机和目标的误解。在前面提到的例子中，老鹰组和响尾蛇组的男孩们确实有一些真正不相容的目标，但是他们对对方的误解在主观上夸大了他们的差异（图 7-2）。

引起此类误解的原因有：

- 自我服务偏差会使个人或群体乐于接受对他们做好事的赞扬，推卸自己做坏事的责任。
- 自我合理化的倾向使人们否认自己的错误行为（“你管这叫打人？我几乎没碰到他！”）。
- 由于基本归因偏差，冲突中的双方都认为对方的敌意行为反映了他们邪恶的品质。
- 人们会对信息进行过滤，并按照自己的成见来理解这些信息。
- 群体常会极化自我服务、自我合理化和偏差趋势。
- 群体思维的一个表现就是将自己所属群体描述为高尚而强大的，并将对立的群体描述为卑劣而弱小的。被多数人认为是

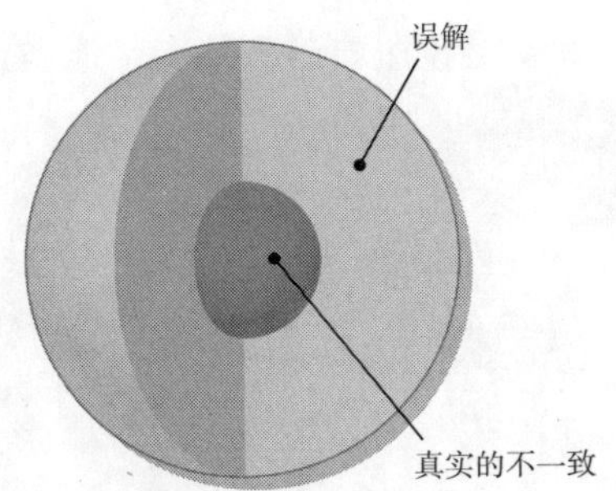

图 7–2 多数冲突中，只有核心的一小部分是真正不相容的目标，外面包裹着的更大部分则是误解。

残酷暴行的恐怖主义行为在一些人眼中却是“圣战”。

- 事实上，仅仅是成为一个群体的成员，就能触发内群体偏差。
- 负面的刻板印象一旦形成，就很难改变。

因此，发现冲突的双方都歪曲了对方的形象，我们不应感到惊讶，尽管它可以令我们警醒。有趣的是，甚至连误解的类型都是可以预测的。

镜像知觉

在冲突中，双方对对方的误解常常惊人地一致，他们都会美化自己，丑化对方。1960 年，美国心理学家尤里·布朗芬布伦纳[39]到苏联访问，期间与许多普通苏联公民进行了交谈。他惊讶地发现，苏联人对美国人的描述，与美国人对苏联人的印象，惊

自我证实和镜像知觉都是产生激烈冲突的标志。

人地一致。在苏联人眼中，美国政府在军事上具有很强的侵略性，它蛊惑并剥削美国人民；而且在外交上美国不值得信赖。“我们慢慢痛苦地发现，奇怪的是苏联人对我们美国的歪曲印象，类似于我们对他们的印象，两者互为镜像。”

当双方的知觉相互冲突时，至少有一方对另一方存在误解。正是由于存在这样的误解，布朗芬布伦纳才指出：“这是一种心理现象，其后果之严重是难以想象的……因为这种印象的特点是自我证实的。”也就是说，当 A 认为 B 对他有敌意时，A 会以敌意的方式对待 B，于是 B 就实现了 A 的期望。自此，一个恶性循环就这样开始了[40]。莫顿·多伊奇[41]解释道：

> 你从小道消息听说一个朋友在说你的坏话，于是你开始奚落他，然后他真地说了你的坏话，而这正好证实了你原先

的想法。类似地，假如东西方的政策制定者相信战争有可能发生，双方都试图增强本方的军事安全，而对方的反应又会合理化起初的动念。

负面的**镜像知觉**（mirror-image perceptions）在世界很多地方都成了通往和平的障碍：

- 阿以冲突的双方都坚持认为，“我们”的目的，是保卫我们的人身和领土安全；而“他们”的意图，则是消灭我们并占领我们的土地。“我们”是这里的原住民，而“他们”是入侵者。“我们”是受害者，“他们”是迫害者[42]。在这样极端不信任的情况下，和平谈判显然是困难的。
- 不同立场的人对恐怖主义的判定不同。在中东地区，一次民意调查显示，98% 的巴勒斯坦人认为以色列人携带突击步枪在清真寺杀死 29 名巴勒斯坦人是恐怖主义，但是 82% 的人认为巴勒斯坦人携带自杀性炸弹杀死 21 名以色列青年就不是恐怖主义[43]。同样，以色列人对暴力行为的反应也带着强烈的偏见，认为巴勒斯坦人的意图都是坏的[44]。
- 人们不管有多聪明，都会表现出“我方偏差”。在一项实验中，美国学生更倾向于禁止一辆容易发生事故的德国车进入美国的道路，而不是禁止一辆同样容易发生事故的美国车进入德国的道路[45]。甚至当酷刑是由“我们”而不是“他们”实施的时候，它在道义上似乎都更有必要[46]。

津巴多[47]指出，这样的冲突致使世界分成了两类，即好人（比如“我们”）和坏人（比如“他们”）。卡尼曼和伦肖恩[48]指出：“事实上，40 年来心理学研究揭示出的所有偏见，正是战争的帮凶。它们使得一些国家的领导人夸大对手的邪恶意图，误解对手对他们的认识，敌对之始盲目乐观，而谈判时又极不情愿做必要的让步。”

冲突中对立的双方常常夸大彼此之间的差异。在有关堕胎与政治的问题上，党派之间总是夸大对手与自己的分歧，但实际上两派之间观点的一致性比他们想象得要高[49]。在移民和平权行动这些议题上，并不是像对手想象得那样，支持者就是那么开明，而反对者就是那么保守[50]。辛西娅·弗兰兹[51]指出，对立双方也往往都有“偏见盲点”。他们认为自己不会因为喜欢或不喜欢他人而心存偏见，然而却把那些不同意他们的人看作欠公正的、有偏差的。在美国，共和党人和民主党人都认为自己一方是善意的，而对方是可恶的和不愿妥协的[52]。

这种对他人立场的夸张理解引发了文化战争。拉尔夫·怀特[53]报告说，塞族人之所以在波斯尼亚发动战争，部分是因为他们对相对世俗化的波斯尼亚穆斯林信徒的过分担忧，他们错误地把这些信徒的信仰与中东宗教激进主义以及狂热的恐怖主义联系在了一起。要想解决冲突，我们必须抛弃这些夸张的理解，而去了解别人真实的想法。但这并非易事。罗伯特·赖特[54]指出：“如果一个人做了一件很让你讨厌的事情，转过来还让你站在他的立场去思考，这无疑是道德训练中最难的一课了。”

群体冲突还常被另一个错误观念所激化，这就是：尽管对方的最高领导者是邪恶的，但是受其控制和操纵的民众则是向着我们的。这种领导邪恶—民众善良论，特别鲜明地体现在美苏冷战的双方身上。在越战之前，几乎整个美国都相信，美军士兵一进入这块被越共“恐怖分子”控制的地区，就会有大批受压迫的民众揭竿而起加入战斗，事实证明这种说法实乃痴人说梦。2003年，美国开始了对伊拉克的战争，他们以为“会有大量的地下组织支持联军，以帮助建立安全和法律体系”[55]。事实上，地下组织没出现，战后的安全真空倒是使抢劫、破坏以及对美国士兵的袭击此起彼伏。

转变认识

如果说误解总是伴随着冲突，那么随着冲突的起伏，误解也会随之出现和消失。事实证明确实如此，而且有着极强的规律性。当一股势力成为敌人时，我们会将它的形象扭曲；而在化敌为友之后，其形象也会朝相反的方向转变。因此，二战时美国民众和媒体眼中“嗜血、残暴、奸诈、长着龅牙的小日本鬼子”，战后迅速变成了“聪明、勤劳、自律且机敏的盟友”[56]。

德国人因挑起世界大战而两次成为全世界人民憎恨的对象，但又两次重新得到了世界人民的尊重，对其民族性中是否固有残酷特质已不是我们关心的问题。由此可见，观念转变的速度何其令人难以置信。

冲突中误解之严重让人不寒而栗：一个既不疯狂也不邪恶的

人，却在冲突中轻易产生对对方的歪曲印象。在与另一国家、另一群体甚至是与室友或父母的冲突中，我们很容易误以为自己的动机是善意的，而对方是恶意的；同理，我们的对手也会对我们形成镜像知觉。

因此，当对立双方陷入社会困境、争夺稀缺资源或感到不公正时，双方只有同时抛开偏见，努力解决确实存在的分歧，冲突才可能结束。好的建议是：在冲突中，不要以为别人与你在价值观和道德上格格不入，而是要进行换位思考，也许对方对此的确有不同的认识。

8

为和平创造者祈福

我们已经了解了冲突是怎样由社会困境、竞争、认识到的不公正以及误解引起的。尽管这种图景看来颇为残酷，却并非完全没有希望。有时我们可以把敌意转变为友谊，把握紧的拳头变成张开的双臂。社会心理学家在帮助人们“化敌为友”的策略上有四个建议，我们可以把它们记作“调停四 C”，分别是：接触（contact）、合作（cooperation）、沟通（communication）、和解（conciliation）。

接 触

能否把两个互相冲突的个人或群体放在一起，进行近距离的接触，以使得他们互相了解，进而喜欢上彼此呢？这或许是可能的。我们讨论了接近性——以及由此带来的互动、对互动的预期和曝光效应——能够增加喜欢的程度。我们还了解到，在废除种族隔离的相关政策颁布之后，公然的种族偏见大幅度地减少了，这表明态度追随行为。

接触能预示态度吗

一般来说，接触能够带来宽容。在一项艰辛细致的分析中，研究者收集了来自 38 个国家的 516 项研究数据，共包含 250 555 名被试[1]。其中有 94% 的研究表明，增加接触能够预示偏见减少。在多数群体对待少数群体的态度上尤为如此[2]。

最新的研究也证实了接触和积极态度之间的关系：

- 在南非，黑人和白人的种族间接触越多，他们的偏见就越少，其指向其他群体的政策态度就越具有同情心[3]。
- 同性恋者和异性恋者。异性恋者与同性恋者接触越多，就越能接受同性恋[4]。你认识谁很重要。
- 非穆斯林和穆斯林。荷兰青少年与穆斯林接触越多，他们就越能接受穆斯林[5]。

- 间接接触。即使是间接接触也能减少偏见，比如通过阅读故事或想象，或者朋友有一个外群体的朋友[6]。那些读过《哈利·波特》系列小说的人对移民、同性恋者和难民有更好的态度，因为该小说里有支持与受歧视群体接触的主题[7]。这种间接接触效应，也被称为“扩展接触效应”，通过同辈群体能够传播更多的积极态度[8]。
- 同室舍友。对白人学生来说，有一个黑人室友可以改善种族态度，并使他们与其他种族的人相处得更加融洽[9]。与一个外群体成员的其他紧密联系，如跨种族收养或有一个同性恋孩子，也会将人们与外群体联系起来，并减少内隐的偏见[10]。

在美国，自 20 世纪 60 年代以来，种族隔离和歧视业已渐渐消亡。这是不是因为种族间的接触导致了人们种族态度的改善呢？那些经历过“废除种族隔离”制度的人是否受到了该制度的影响？

废除种族隔离制度是否改善了对少数种族的态度

废除种族隔离制度在学校里产生了明显的作用，比如这种制度促进了更多的黑人走进大学并在学业上取得成功[11]。但废除种族隔离制度在学校、社区、职场是否都产生了良好的社会效果呢？目前这方面的证据还不甚一致。

一方面，在废除种族隔离制度期间和之后不久进行的研究表明，白人对黑人的态度有了明显的改善。不论是百货公司的职员和顾客、商船船员、政府工作人员、警察、邻居或者学生，种族接触都使得歧视减少了[12]。比如，在二战即将结束之际，美国军队中部分地解除了步枪连中的种族隔离制度[13]。当被问及对废除种族隔离制度的看法时，在那些仍存在种族隔离的连队里，只有11%的白人士兵表示支持该法案；而在废除了种族隔离的连队，60%的白人士兵支持该法案。他们表现出“系统合理化”，即人倾向于认可“事情就是这个样子”。

莫顿·多伊奇和玛丽·柯林斯[14]在一项“定制”的自然实验中观察到了相似的结果。根据州法律，纽约废除了公共住房的种族隔离制度，按家庭分配的公寓不再刻意考虑种族。而河对岸的纽瓦克（新泽西州）开发的类似公寓楼中，白人和黑人被分配到不同的楼里。调查发现，住在废除种族隔离公寓楼中的白人妇女更加支持不同种族的混居，并且表示她们对黑人的看法有了改善。被夸大的刻板印象在事实面前消退了，就像其中一位妇女说的：“我真的变得喜欢这种制度了，我发现他们是和我们一样的人。”

上述研究结果影响了美国最高法院在1954年做出的在学校废除种族隔离制度的决定，并推动了20世纪60年代公民权利运动的发展[15]。然而，后来有关学校废除种族隔离制度效应的研究并没有得出那么振奋人心的结果。沃尔特·斯蒂芬[16]在对所有此类研究进行回顾后得出了“废除种族隔离制度对种族观念的改变几乎没有作用”的结论。对于黑人来说，废除学校种族隔离最明显的结果是：他们有了更多的机会进入混合性大学（或主要是白人的大学)，住在种族混合的居民区，以及在种族混合的地方工作；但对态度的影响相对来说并不大。

因此，废除种族隔离制度有时能够改善对少数族裔的态度，有时则不能，尤其是当存在焦虑或感知到的威胁之时[17]。这种不一致的情况激起了科学家的探索热情。如何解释这种差异呢？目前为止，我们把各种各样废除种族隔离的做法笼统地混为一谈了。现实中的种族隔离的废除，是通过许多不同的方式、在各种不同的条件下实行的。

废除种族隔离制度何时能够改善种族态度

观看其他种族的面孔是否可以增加对该种族陌生人的喜爱呢？莱斯利·泽布罗维茨及其同事[18]通过给白人被试观看亚洲人和黑人面孔的研究发现，情况的确如此。种族间接触频率会是一个因素吗？看起来确实这样。研究者走访了数十所废除种族隔离的学校，观察儿童究竟在和哪些人一起吃饭、谈话和闲逛。种族的不同的确影响了孩子之间的接触。白人孩子更愿意和白人孩子玩，黑人孩子则更愿意和黑人孩子玩[19]。

在一个夏日（12 月 30 日）的午后，约翰·狄克逊和凯文·多尔汉姆[20]对在南非一个废除种族隔离的海滩上的白人、黑人和印度人进行位置记录时，发现这种自我隔离的情况也很明显（图 8-1)。废除种族隔离制度的街道、自助餐厅和饭店也可能创造不出无种族界限的互动交流[21]。人们可能会疑惑："为什么所有的黑人小孩都坐在一起？”（对白人孩子自然也会有这样的疑问。）一项自然研究对开普敦大学 26 个讨论小组的 119 个上课时段进行观察，每组平均 6 名黑人学生，10 名白人学生[22]。研究人员计算得出，平均来说，71% 的黑人学生需要调换座位才能实现完全融合的座位模式。

即使是在同一个种族内，不相似的人之间也往往会产生自我

图 8-1　废除种族隔离并不意味着接触。在废除种族隔离之后，南非的斯科特堡海滩成为“开放式”的了，但黑人（图中的黑色圆点）、白人（灰色圆点）和印度人（白色圆点）还是倾向于和本种族的人聚集在一起[23]。

隔离。这是北爱尔兰阿尔斯特大学的研究人员在观察天主教和新教学生的教室座位模式时发现的[24]。

促进接触有时会奏效，有时却无济于事。一个信奉天主教的年轻人在北爱尔兰的一所学校交换学习后解释道："我希望有一天能设立一些新教的学校。因为你知道……现在有些学校本应是混合性的，但实际上不同宗教信仰的人在一起的情况很少，并不是我们不想，只是真的觉得有些尴尬。"[25]种族之间缺少融合，部分源于"人众无知"：许多黑人和白人都说他们想要更多的接触，但是误以为对方不会对他们的感觉给予回应[26]。

相比之下，早期的那些对于商店店员、士兵和安居计划的邻里关系的研究之所以能得到理想的结果，是因为种族之间大量的接触足以克服最初的种族接触焦虑。另一些研究涉及长期的、个人之间的接触，比如在黑人和白人狱友之间，在一起参加种族混合夏令营的白人和黑人女孩之间，在黑人和白人大学室友之间，在南非白人、黑人和其他种族之间，都得到了同样好的结果[27]。北爱尔兰、塞浦路斯和波斯尼亚的群体间接触项目也发现了同样的结果[28]。以色列和巴勒斯坦青年到美国参加为期三周的夏令营项目后，群体间态度发生了显著和持久的改善[29]。

那么，群体间的接触是如何减少偏见的呢？艾尔·拉米和迈尔斯·休斯顿[30]给出了如下几条途径：

- 减少焦虑（接触越多，相处越融洽）；
- 增加同理心（互相接触可以帮助人们换位思考）；

- 增进了解（让人们发现彼此之间的相似之处）；
- 减少感知到的威胁（减少过度的恐惧，增加信任）。

在德国或英国留学的美国学生，与当地人接触越多，态度就越积极[31]。交换生所在寄宿家庭的主人也会因这段经历而发生变化，能够更多地从外来文化视角看待事物[32]。

一项针对近4000名欧洲人的调查显示，友谊是成功接触的关键。如果你有一个少数族群的朋友，那么你就更有可能对这一族群表示同情和支持，甚至更加支持他们移民到你的国家。无论是西德人对土耳其人的态度，还是法国人对亚洲人和北非人、荷兰人对苏里南人和土耳其人、英国人对西印度人和亚洲人的态度，或者是北爱尔兰新教徒和天主教徒对彼此的态度，均是如此[33]。

那些支持废除种族隔离制度的社会心理学家，也从不认为所有类型的接触都能够改善对待少数族群的态度。正如积极的接触会增加好感，消极的接触也会增加反感[34]。积极的接触更常见，但消极的经历影响更大[35]。

社会心理学家认为，如果接触是竞争性的，没有权威机构支持，或是不平等的，那么结果必然是糟糕的[36]。在1954年以前，很多持偏见的白人经常和一些黑人接触，比如擦皮鞋男人和家庭佣人。众所周知，这种不平等的接触，只能让那些白人继续认为白人和黑人之间的不平等地位是合理的。因此，必须是双方**地位平等的接触**（equal-status contact）才有效，比如在商店店员之间、士兵之间、邻里之间、囚犯或者夏令营参与者之间。

合　作

尽管地位平等的接触是有益的，但有时这还不够。谢里夫在他的夏令营实验中阻止了“老鹰队”和“响尾蛇队”之间的竞争，让这两个群体进行一些非竞争的活动，比如一起看电影、放焰火，一起吃饭，但是这些行动并未带来多大效果。因为在那时，他们彼此之间的敌意已经非常深，简单的接触只是给他们多提供了一些互相嘲弄和攻击的机会而已。当老鹰队中的一个成员被响尾蛇的一个队员撞了一下，他的伙伴就鼓动他去“雪耻”。显然，在这两个群体之间，只是消除隔离还无法促进他们的社会融合。

既然有如此根深蒂固的敌意，那么如何才能达成和解呢？不妨回顾一下那些成功的以及不成功的废除种族隔离的努力。军队中种族混合步枪连做到的不只是白人和黑人有地位平等的接触，而且使他们彼此依赖。他们在一起为了共同的目标，打败共同的敌人。

这是否表明，预测废除种族隔离是否有效还有第二个因素？是否竞争性的接触只会滋生分裂，而合作性的接触才能带来团结？想想那些共同面临困境的人会怎样。所有层面上的冲突，不论是夫妻间、竞争团队间还是国家间，共同的威胁和目标都能产生团结。

共同的外部威胁产生凝聚力

你是否曾经和他人一起被困在暴风雪中？是否曾经和同学一起被老师批评过？是否因你的社会地位、种族和宗教信仰而与他人一起被迫害或嘲笑？若有之，则就可以清楚地回忆起对那些曾跟你一起面对困境之人的亲切感。当你们互相帮助，一起扫雪开辟道路，或者一起对付共同的敌人时，你们之间原有的社会性障碍就会消除。经历过共同的痛苦或从更极端危机（如炸弹袭击）中幸存下来的人也常常表示，他们拥有的是合作与团结的精神，而非孤军奋战的恐慌[37]。

这种友善的行为经常在人们共同面对危机的时候出现。约翰·兰则塔[38]曾做过一个实验，发现共同的危机让人们对彼此的

共同的困境会激发合作，就像这些德国沃尔玛员工的罢工所表明的。

态度发生了改变。他让 4 人一组的海军军官后备学校的学生完成一个问题解决任务，然后用广播告知其中一些组，他们的答案是错误的，并且他们答题的效率非常低，他们的想法都非常愚蠢。其他的组则没有受到这样的惩罚。兰则塔观察到，那些受到批评的组员们彼此变得更加友好、更加合作，他们之间的争吵和竞争也更少。他们团结在一起，在精神上有了凝聚力。近期的实验证实，老板苛待员工也有一个好处：那些受到苛待的员工们变得更有凝聚力了[39]。真是同病相怜！

在谢里夫的夏令营实验中，有一个共同的敌人，可以统一那些相互竞争的男孩们。其他很多类似的实验也都证明了这一点[40]。仅仅使人们想起某个外群体（如对手学校），都会增强他们对本群体的回应性[41]。当察觉到自己所属的种族或宗教群体受到歧视时，人们就会感到与这一身份的联系更密切，并且更有认同感[42]。当我们明确意识到“他们”是谁时，我们同时也明确了“我们”是谁。

战争年代，面对一个明确的外部威胁时，“我们”这种群体归属感就会高涨，公民组织的会员数像雨后春笋般地快速增长[43]。共同的威胁也会产生政治上的“团结一致”效应[44]。“9·11”灾难之后，《纽约时报》报道说，“由来已久的种族对抗……已经缓和”[45]。“在‘9·11’恐怖事件发生之前，我只认为自己是一个黑人，”18 岁的路易斯·约翰逊说道，“现在我比以往任何时候都更加觉得自己是一个美国人。”“9·11”之后，纽约的离婚率甚至都有所下降[46]。在关于“9·11”的一个对话文稿中，以及美国纽约市长朱利亚尼在“9·11”前后的新闻发布会上，“我们”这个词的使用率比以前多了一倍[47]。

超级目标促进合作

与外部威胁之凝聚力紧密相连的是**超级目标**（superordinate goals）凝聚力，目标能够将群体所有成员凝聚在一起，要求大家齐心合力。谢里夫为了促成夏令营中有敌意的两队和解，曾使用过这样的目标。一次，他让夏令营的供水出现了问题，使得两队队员必须通过合作才能修复水管。另一次，他提供了一个可以租借影碟的机会，但是所需费用必须动用两队的所有资金，这时他发现合作又一次发生。还有一次，他们在行进途中有一辆卡车“抛锚”，实验者在路边故意留下了一根拔河用的绳子，于是，其中一个男孩提议大家用绳子把客车拉到启动。当卡车重新启动后，所有成员互相击掌庆祝。

经过这样几次共同完成超级目标的活动后，男孩子们开始在一起吃饭，一起坐在篝火旁聊天了。友谊在两个团队之间蔓延开来，而敌意直线下降。在最后一天，男孩们决定一起坐巴士回家，在路上他们不再按原来的营队分开乘坐。当巴士到达他们的家俄克拉何马城时，他们情不自禁地合唱起《俄克拉何马之歌》来，彼此在祝福中道别。就这样，谢里夫用隔离和竞争制造了陌生人之间的敌意，又用超级目标化敌为友。

谢里夫的实验仅仅是小孩子的游戏吗？或者说，彼此冲突的成年人齐心协力完成一个超级目标也会取得类似的结果吗？罗伯特·布莱克和简·穆顿[48]想知道这些问题的答案。在一系列为期两周的实验中，1 000多名经理人组成了150个不同的团队，他们重现了“响尾蛇”和“老鹰”之间竞争情境的基本特征。一开始每个组各自活动，之后组与组之间互相竞争，最后让不同的组在一个超级目标之下合作。他们的结果明确显示，成年人的情况和谢里夫实验中那些年轻被试的结果是一致的。

约翰·多维迪奥、塞缪尔·盖特纳及其合作者[49]拓展了这些结果，他们发现，当人们在实验条件的引导下分解以前的小群体，建立一个新的、更具包容性的群体时，在一起工作尤其有用。当两个团队的成员围着圆桌相间而坐（而不是相对而坐），给他们的新团队起一个名字，然后在一个良好的氛围下一起工作时，他们原先彼此的那种偏见之感就会减少。“我们”和“他们”，合在一起就变成了“咱们”。

在国际贸易中，国家之间经济上的相互依存也促进了和平（在有关贸易立法的经济成本效益的争论中，这一考虑往往被忽视）。迈克尔·舍默[50]说：“有贸易往来的两国之间一般不会发生军事战争。”譬如，当今中国经济与西方经济大量交织在一起，这种经济上的相互依存减少了中国与西方发生战争的可能。

合作学习能改善种族态度

至此我们已经看到，在没有友谊的情感纽带和平等关系的情况下，废除种族隔离制度带来的社会利益是有限的。我们也看到了在两个敌对群体之间进行成功的、合作性的接触所带来的巨大社会利益。一些研究团队希望知道，我们能否在不影响学业成绩的情况下，通过把竞争性学习环境变成一种合作性的环境，从而改善种族之间的友谊呢？考虑到他们采用的研究方法的多样性，即每个研究都需要让学生参加种族混合的学习小组，有时会要求他们和其他组来竞争，这些研究的结果是令人吃惊和振奋的。

由埃利奥特·阿伦森[51]领导的一个研究团队，使用“拼图”的方法设计了类似的小组合作。在得克萨斯州和加利福尼亚州的小学中，研究者按种族和学习成绩多样的原则，以6人为一组，把学生分成了若干小组。然后将一个科目分成6部分，每个小组成员学习其中的一部分，并成为这一部分的专家。在关于智利的一个单元中，其中一个学生可能是智利历史的专家，另一个是智利地理的专家，还有一个是智利文化的专家，等等。一开始，这些所谓的“历史学家”“地理学家”等各类专家各自聚在一起研究自己的学习材料，然后他们回到自己原来的小组，把所学的知识教给本组其他同学。也就是说，每个小组成员都掌握一块“拼图”。那些平时自信满满的同学，这会儿也必须听从那些平时寡言的同学，向他们学习，很快，每个人都发现自己对于同伴很重要。

通过合作学习，学生学习到的不只是材料上的知识，还学习到其他的东西。同时，种族间的友谊也在迅速发展。少数族裔学生的考试成绩有了提高（或许是因为同伴现在也支持他们追求

不论是在田径小组、课堂项目还是课外活动中，不同种族间的合作消融了彼此的差异，改善了对彼此的态度。在需要合作的团队运动（比如篮球）中，和黑人队友一起打球的白人运动员，比那些在个人项目（比如摔跤）中的白人运动员，对黑人表现出更多的喜爱和支持态度[52]。

学业成就）。实验结束后，许多老师仍然继续采用合作学习的方式[53]。种族关系专家约翰·麦科纳希[54]写道："显然，在那些废除种族隔离的学校，合作学习是迄今最为有效的改善种族关系的实践方法。"

因此，无论是对夏令营的男孩们，还是对企业高管、大学生们或中小学校的孩子们来说，合作与地位平等的接触都能够产生积极的影响。那么，这个规律是不是对所有层次的人类关系都适用呢？把全家人召集到一起参加农场劳动、修理旧屋或驾驶帆船，是否能够促进家庭的团结？社区中的人们是否会因一起修建谷仓、一起合唱或一同为球队加油而使社区认同得到加强？国家之间是否会因科技和空间技术方面的合作、对地球自然资源的共同管理或各国人民之间的接触而使得相互理解得到改善？很多迹象和证据表明，这些问题的答案都是肯定的[55]。因此，对于我们目前这个分裂的世界来说，一个重要的挑战就是：怎样确立我们的超级目标，继而建立起合作关系，齐心协力来实现这些目标。

沟 通

群体间的冲突还有其他方法可以解决。当夫妻之间、劳资双方或者两个国家之间发生意见分歧时，他们可以**谈判**（bargain），可以请第三方通过提议或促进协商来**调解**（mediate），或者将双方的分歧交由第三方进行研究并**仲裁**（arbitrate）。

谈 判

如果你想买或者卖一辆新车，你是采取一个强硬的谈判立场，即开出一个极端的价格，然后寻求妥协以得到一个比较好的结果好呢，还是一开始就出一个“诚意的”价格？

实验给不出简单答案。一方面，那些要求更多的人往往也得到更多。强硬的讨价还价可以降低对方的期望，使得对方知道适可而止[56]。但是，强硬的立场有时也会适得其反。如果冲突一直持续，那么我们面对的不是一个大小不变的蛋糕，而是一个缩水的蛋糕。推迟达成协议往往会造成双输的局面。一个罢工若长期持续，劳资双方都将遭受损失。强硬也可能导致双输。如果其中一方坚持与另一方同样极端的条件，那么双方可能都会因为面子上下不来而僵持。在 1991 年海湾战争的前一周，布什总统在公众场合威胁说要“痛扁萨达姆”。萨达姆·侯赛因也毫不示弱，说要让异端的美国人“在自己的血海中游泳”。在这番唇枪舌战的宣言之后，双方都很难再挽回面子，战争也就难以避免了。这说明，尽管强硬甚至愤怒的谈判有时可能会赢得更多的时间或金钱，但当谈判涉及价值观，即生活中什么才重要这样的个人信念时，情况就会适得其反[57]。

调　解

第三方调解人可以提供一些建议,使得冲突的双方做出让步，尚可挽回面子[58]。如果我让步是看在调解人的面子，并且他也从我的对手那里争取到了同样的让步，那么我们都不会把这种让步看作软弱和屈服。

把“非赢即输”变成“双赢”

调解人也可以通过促进双方建设性的沟通来解决冲突。他们首先要做的是让双方重新思考这一冲突，并搞清楚对方的利益所在。通常，冲突双方都有一个“非赢即输”的想法：如果对手对结果感到失望，那么他们就成功了；如果对手对结果满意，那么他们就失败了[59]。调解人要通过让他们暂时放下冲突中的自身需求，而思考对方潜在的需要、利益和目标，从而把这种“非赢即输”的想法变成“双赢”的取向。

一个关于“双赢”的经典故事来自争橘子的两姐妹[60]。最终她们达成了妥协，把橘子平分成两半，其中一个女孩把她的一半榨成了橘汁，另一个女孩用她那一半橘子的皮来做蛋糕。如果这两个女孩都解释清楚了自己为什么想要橘子，那么她们很可能同意分享橘子，其中一个得到全部的橘汁，而另一个得到全部的橘皮。这是**整合性协议**（integrative agreement）的一个典型例子[61]。相对那种要双方各做出些牺牲的妥协来说，整合性协议更具有持久性。因为他们是互惠互利的，因此也可以带来持续的伙伴关系[62]。

用克制的沟通来消除误会

沟通常常有助于减少自我实现式的误解。回忆一下，也许你能想起曾有过和下面这个大学生类似的经历：

> 通常，在很长一段时间没怎么和玛莎沟通之后，我就会觉得她的沉默是一种信号，说明她不喜欢我。相应地，她也认为我的寡言是讨厌她的表现。我的沉默导致了她的沉默，这又使得我更加沉默……这种滚雪球效应，直到一次我们必须交流的意外事件发生才得以打破。于是，这次沟通消除了彼此之间所有的误解。

冲突研究者认为信任是预防和解决冲突的一个关键因素[63]。如果你相信对方是善意的，你就更容易流露出你的需要和想法。没有这样的信任，你可能会担心你的坦诚会给对手提供对付你的信息。即使是简单的动作也能增进信任。在实验中，谈判者被要求去模仿对方的一些特殊习惯，就像关系亲密之人平时经常做的那样，这样能引发更多的信任，更能发现共同的利益和双赢方案[64]。

当双方互不信任且沟通无果时，第三方的调解者，比如婚姻咨询师、劳资调解员、外交官等等，有时就是有帮助的。调解者

信任是沟通的基石。当奥巴马总统和他的政治对手众议院共和党领袖博纳打高尔夫时，两人都在努力增进彼此的关系，提升自己的沟通能力。

通常是冲突双方都信任的人。在20世纪80年代，一名阿尔及利亚的穆斯林就充当了伊朗和伊拉克之间的调解人；罗马教皇出面，化解了阿根廷和智利在领土上的纷争[65]。

在说服冲突双方重新思考他们所认为的“非赢即输”的冲突之后，调解人让双方都确认自己的目标，并按重要性给目标排序。如果目标是相容的，那么排序的过程就可以让双方在一些不太重要的目标上作出让步，以实现各自最主要的目标[66]。南非的黑人和白人通过认可彼此的最高利益，即以多数决定原则代替种族隔离，以及保护白人的安全、财产和权利，从而获得了国内和平[67]。

一旦劳资双方都相信，公司管理层提高生产效率和利润的目的与劳动者希望得到更高的工资和更好的工作条件是一致的，他们就可以共同寻求双赢的解决方案了。

当两个冲突的群体聚在一起开始直接对话时，不能天真地认为光靠双方见见面，冲突就会自动解决。在一个具有威胁、剑拔弩张的冲突中，高亢的情绪往往会阻碍人们站在对方的立场看问题。虽然高兴和感激能增进信任，但是愤怒也会降低信任[68]。在最需要沟通的时候，交流也往往变得最困难[69]。

这时调解人需要构建一种情境，帮助双方去理解对方，并感到被对方理解。调解人可以让冲突中的双方把争议只限于对事实的描述，包括陈述如果对方怎么做他们就会有什么样的感觉，会做出何种反应。比如：“我喜欢听音乐，但如果你音量开得过大，我会觉得注意力难以集中，会让我感到很烦躁。”另外，为了增进双方的同理心，调解人也可以让人们角色互换，为对方的立场辩护，或者想象和解释对方的体验[70]。调解人也可以让双方在描述自己感受之前先描述对方的处境："你在学习的时候，我放音乐的确打扰你了。"

实验证明，从对方的角度看问题以及引发同理心能够减少刻板印象，增加合作[71]。听到一个外群体的人批评他们自己的群体，比如以色列人听到巴勒斯坦人批评自己人，可以让人们开放心态，开始审视外群体的视角[72]。它有助于更人性化而不是妖魔化对方。年长之人往往发现这更容易做到，因为他们具有欣赏多元视角的智慧，更明白知识的局限性[73]。的确，有时长者更有智慧，更能处理社会冲突。

中立的第三方还可以提出双方都能接受的建议，倘若这些建议由冲突的任何一方提出，均会被对方驳回（"反应性贬低"）。康斯坦丝·斯蒂林格及其同事[74]发现，当苏联提出缩减核武器的建议时，美国人不同意；但当这样的建议由中立的第三方提出时，就变得可接受多了。类似地，人们对于对手提出的让步往往不以为然（"他们肯定不在乎这一点儿"），而当这种让步由第三方提出时，他们就不会觉着这是一种虚假姿态了。

这些调停的原则，有的是基于实验研究，有的是来自实践经验，它们对国际和商业上的冲突调解都起到了一定的作用[75]。社会心理学家赫伯特·凯尔曼[76]带领一个由阿拉伯人和美国犹太人组成的小团队，曾举办多次工作坊，将有影响力的阿拉伯人和以色列人聚在一起。凯尔曼及其同事消除了他们之间的一些误解，让他们努力寻求对双方都有利的创造性解决方案。参与者在单独的情况下可以自由地和他们的对手直接交谈，不必担心选民事后会批评他们曾说过的话。结果如何呢？双方都开始逐渐了解对方的观点，以及他们的行动会使对方有什么样的反应。

仲　裁

有些冲突是很难解决的，双方的潜在利益有很大分歧，以至于无法达成双方都满意的解决方案。譬如，巴勒斯坦和以色列对耶路撒冷主权的争议，迄今为止被证明是非常难以解决的。再譬如涉及孩子监护权的离婚纠纷中，父母双方不可能同时拥有孩子的监护权。在诸如此类的情况下（比如是否由房客来付房屋修理费、运动员的工资、国家领土争端等），第三方调解者可能有助于、也可能无助于冲突的解决。

如果调解解决不了，冲突双方可以采用仲裁，由调解人或者其他第三方组织强制解决。争论的双方通常并不喜欢用仲裁来解决他们之间的矛盾，他们担心会对结果失去控制。尼尔·麦吉利卡迪等人[77]在一个实验中观察到了这种倾向。实验中，争议者来到一个矛盾解决中心。当他们意识到如果调解失败，他们将面临仲裁时，他们会尽力去解决问题，表现出更少的敌意，也更容易达成协议。

在分歧看似巨大而不可调和的情况下，当意识到将面临仲裁时，冲突的双方会固守他们的立场，希望在仲裁人选择的折中方案中自己一方能获得一个优势地位。为了消除这一倾向，在诸如涉及棒球运动员个人工资的争议中，可以采用“最终提议仲裁”的方法，即第三方在最终的两个方案中选择一个。最终提议仲裁能够促使双方各自给出一个比较合理的提议。

但是通常情况下，如果双方不能够摆脱自我服务偏差，从对方的角度来看待自己的提议，那么最终提议仲裁就不会那么合理。谈判研究专家报告说，大多数的争议者因为“过分的乐观自信”而变得固执己见[78]。通常情况下，当双方都认为他们有三分之二的机会赢得最终提议仲裁时，成功的调解就会受阻[79]。

和 解

有时冲突双方的紧张和怀疑程度如此之高，连沟通都不可能，更不用说解决问题了。每一方都会威胁、逼迫或者报复对手。更不幸的是，这种行为是相互的，使得冲突愈演愈烈。因此，是否可以通过一方的无条件合作来安抚对方，以达到一个比较好的结果呢？事实上通常是行不通的。在实验室的游戏中，那些百分之百合作的人最后往往会被对手剥削或利用。在政治上，单方面的妥协通常行不通。

社会心理学家查尔斯·奥斯古德[80]提出了第三种方案，即和解（conciliation），直到足以阻止剥削情况出现。奥斯古德把它叫作“逐步（graduate）、互惠（reciprocate）、主动（initiative）地降低紧张（tension reduction）”。他称之为“**GRIT**”，表明它所需要的决心（英文单词GRIT有“勇气”的意思——译者注）。GRIT致力于通过冲突的逐步降级，以扭转冲突的“螺旋式上升”。它引进了社会心理学的概念来构建理论，比如互惠规范、动机归因。

GRIT要求一方在宣布希望和解的意愿之后，做出少许小的、意在降低冲突的行动。发起和解的一方，在实施每一个表示和解的行动之前都要声明，此乃意在降低紧张，并邀请对方做出互惠式回应。这样的声明可以创建一个框架，使对方能正确理解其意图，而不被视为示弱或欺诈。这种声明也给对方造成了舆论上的压力，促使他们遵循互惠规范。

接下来，发起者必须如声明中所说的那样，真正做出几个可以证实的和解行动，以建立信任，显示诚意。这会给对方压力，促使其做出互惠式回应。和解行动可以有多种形式，比如提供一些医疗援助、关闭一个军事基地、取消贸易禁令等等；但是，不要让发起者在任何一个领域做出大的牺牲，并且要让对方自由地选择他们自己的互惠回应方式。如果对方出于自愿进行回报，那么它自身的和解行为就会软化其态度。

GRIT是和解性的，而不是“分期付款式的投降”。这一策略可以通过保留反击能力来确保双方各自的利益。最初的一些和解行为可能会冒一定的风险，但并不至于危及各自的安全。相反，这是让双方从紧张的台阶上下来的一个方法。比如，若其中一方采取了进攻行动，那么另一方也会以牙还牙，以表明他们不会容忍被对方剥削或利用。当然，这里的反击行动不是那种会导致冲突升级的过激反应。如果这时对方做出了和解行动，那么可以报之以对等的甚至稍微超出的回报反应。莫顿·多伊奇[81]在为谈判提供建议时可以说抓住了GRIT的精髓：谈判代表要"'坚定、公平、友善'。坚定就是反对胁迫、剥削以及使用阴谋诡计；公平就是坚持自己的道德原则，无论对手怎样挑衅，决不回敬对方不道德的行为；友善则是指人们愿意发起和解行动，以及愿意以互惠式合作作为回应。"

GRIT真的有用吗？在俄亥俄大学进行的一系列实验中，斯文·林德斯格尔德和他的助手们[82]发现"GRIT策略的各个步骤均得到强有力的支持"。在实验室游戏中，声明合作的愿望的确大大促进了合作。反复的和解与宽宏大量的行为可以培养更强的信任感[83]。保持一种力量上的均衡，的确可以避免被剥削或利用。

类似GRIT的策略在实验室之外也不时得到运用，并取得了不错的效果。在众多的例子中，最著名的要数所谓的"肯尼迪实验"[84]。1963年6月10日，美国总统肯尼迪发表了题为"一个和平策略"的主旨演讲。他说："我们的问题都是人为造成的……也可以由人来解决。"然后他宣布了他的第一个和解行动：美国停止所有的太空核试验，除非其他国家做了，否则将不会再恢复试验。在苏联，肯尼迪的这一演讲被全文发表。五天之后，苏联总书记赫鲁晓夫做出回应，宣布他已经下令停止生产战略导弹。不久，进一步的互惠式回应行为出现了：美国同意向苏联出口小麦，而苏联则同意在两国之间开通"热线"，两国还很快签署了"停止核试验"条约。在一段时期内，这些和解行动使得两国的关系趋于缓和。

和解行动有助于减少个人之间的紧张关系吗？我们完全有理由认为它可以。当两个人的关系受阻，沟通难以进行下去的时候，通常一个小小的和解姿态，比如一个温和的回答，一个善意的微笑，一个轻柔的触摸，都可以使双方从紧张的台阶上下来，让接触、合作和沟通重新变得可能。

9

人们何时会做出助人行为

1964年3月13日凌晨3点，酒吧经理姬蒂·吉诺维斯在回到她在纽约皇后区的公寓楼下时，遭到持刀歹徒的侵犯，她惊恐地尖叫并恳求帮助："我的天啊！他刺伤了我！来人哪！请帮帮我！请帮帮我！"她的呼救声回荡在宁静的夜空，显得分外刺耳，吵醒了部分邻居（据《纽约时报》最初的报道是38人），很多人走到窗边观望了片刻，目睹歹徒去而复返继续施暴，直到歹徒离开，才有人打电话报警，但吉诺维斯很快就死去了。

后来有分析对最初的报道（有38人目睹了这场暴行却无动于衷）提出了质疑[1]。这一事故激发了人们对旁观者效应的研究，该效应也在其他事件中有所体现。埃莉诺·布拉德利在购物时被绊倒并摔伤了腿。她头晕目眩，疼痛难忍，于是她呼救了足足

40 分钟，购物的人流只是从她旁边走过却没人管她。最后，一名出租车司机带她去看了医生[2]。

想象一下，当你看到有人从地铁站台摔到下面的铁轨上，而此时一辆火车正在驶来时，你会作何反应？你会像 2012 年纽约地铁站台上拥挤的人们一样，看到一名男子被挤到铁轨上却无动于衷，眼见他被火车撞死吗？抑或你会成为像韦斯利·奥特里那样的英雄？ 2007 年，他带着两个女儿在站台上候车，看到一名男子癫痫发作摔到了铁轨上。奥特里跳下去将那人挪到铁轨中间，并用身体护住他，直到列车呼啸着停在他俩的上方[3]。

再看一看耶路撒冷的“正义之园”，它位于一个山坡上，由 2000 来棵树环绕而成，每棵树下都有纪念碑，上面刻着一些人的名字，这些人曾经在纳粹大屠杀时期给犹太人提供过庇护。这些“正义的异教徒”（在当时的耶路撒冷，把信奉非犹太教的人称为异教徒——译者注）知道，如果被纳粹发现，他们将与犹太人一样遭受被处死的命运，但仍有很多人庇护了犹太人[4]。

简·海宁就是其中牺牲的一位英雄。她是苏格兰教会的一名传教士，看管着一个拥有将近 400 名犹太女孩的学校。战争前夕，教会担心她的安全，所以安排她回家。可她拒绝了，她说：“如果这些孩子在阳光明媚的日子尚且需要我的照顾，那么在如此糟糕黑暗的时刻，她们该有多么需要我的陪伴呀！”[5] 据报道，她还剪碎了自己的皮包来为女孩们做鞋底。1944 年 4 月，海宁指责一个厨师偷吃女孩们原本就少得可怜的食物配给。这个厨师是一名纳粹党成员，他到纳粹秘密警察那里告发了海宁。后来秘密警察逮捕了她，指控她为犹太人工作，还曾因这些犹太女孩被迫穿黄色星章服而流泪。几周之后，她被送去了奥斯威辛，同上百万犹太人的命运一样，在那里惨遭屠杀。

2013年，在奥克兰突袭者队的一场比赛中，一位不知名的英雄看到一名女子站在他上方14米高的看台边缘试图跳台自杀。"不要这样做，"他不停地大喊。当女子跳下来那一刻，他冲向女子即将坠落的地方。结果他被严重砸伤，却救了女子的性命[6]。

一般的利他行为更是不胜枚举，诸如安慰、照料和同情等，人们通常不求任何回报地为别人指路、捐款、献血、做义工。人们为何以及何时会做出助人行为呢？怎样才能减少冷漠而增加帮助行为？

利他主义（altruism）是自私自利的反义词。一个利他的人，即使在无利可图或不期待任何回报的情况下，也会关心和帮助别人。耶稣讲的关于善良的撒玛利亚人的寓言对此提供了一个经典诠释：

> 一名男子在从耶路撒冷到耶利哥的路上落入强盗之手。强盗抢光了他的财物，并将他打得半死不活，然后跑掉了。这时，恰好有一名传教士经过此地。传教士看到了受伤躺在地上的男子，便从路的另一边走过去了。之后又来了一个利未人，他同样看见了受伤的男子，也从路的另一边走过去了。但是，一位撒玛利亚人旅行途经这里，看见受伤的男子，就动了恻隐之心。他走到受伤人的身边为他包扎伤口，还在伤

善良的撒玛利亚人，*Fernand Schultz-Wettel*

口上搽上油和酒。然后，他把这个受伤的人扶到自己的马背上，带着他到了一家小旅店，悉心照料他。第二天，撒玛利亚人掏出一些钱给旅店老板，说："好好照顾他，等我回来，钱不够，我会补给你。"（《圣经·路加福音》10 章 30~35 节）

这个撒玛利亚人的行为诠释了利他主义。他满怀悲悯之心，向一个陌生人奉献了时间、精力和金钱，既不指望回报，也不期待感激。

人们为什么会做出帮助行为

利他主义的动机是什么？有一种解释被称为**社会交换理论**（social-exchange theory），它是指我们在分析了成本和收益之后才做出帮助行为。作为利益交换的一部分，帮助他人的最终目的是最大化自己的回报和最小化自己的代价。在献血时，我们会权衡代价（献血带来的不方便和不舒适）与献血的利益（社会的赞赏以及帮助他人产生的崇高感）。如果预期的回报超过了代价，我们便可能帮助别人。

你可能会反对这种解释：社会交换理论把无私性从利他主义中剔除了。该理论似乎暗示助人行为从来都不是真正意义上的利他主义，我们只是在回报不明显时才将其称作“利他的”。如果人们帮助别人只是为了减少内疚感和得到社会赞许，我们就很难认为他们是做了一件好事。只有当我们不能用别的动机来解释他们的利他行为时，我们才表扬人们的利他主义。

然而，从婴儿时代开始，人们有时会自然而然地表现出共情或同理心。看到别人受苦时，我们也会觉得难受；看到他们的苦难结束，我们心里会好受些。慈爱的父母（不像虐待儿童者和其他残忍的人）看到他们的孩子遭受痛苦，自己也会感到痛苦；而当孩子快乐时他们也会跟着快乐[7]。虽然有一些助人行为实际上是为了赢得回报或者减轻负罪感，但实验证明，还有一些助人行为的确只是为了增加他人福祉，而由此产生的满足感不过是一种副产品[8]。在这些实验中，同理心常常导致助人行为。当帮助者相信他人确实会从所需的帮助中受益时，他们就会帮助，而不在乎受助者是否知道是谁帮助了他们。

社会规范也能激发助人行为。它们描述了我们应该如何行事。我们习得了**互惠规范**（reciprocity norm）：对于那些帮助过我们的人，我们应当施以援助。所以我们期望那些接受了帮助（礼物、邀请、协助）的人日后能给予回报。但是，当我们觉得有些人无法做出互惠的给予和回报时，这种互惠规范就会受到限制。所以我们还能感觉到另一种规范，即**社会责任规范**（social-responsibility norm）：我们应该帮助那些真正需要帮助的人，而不考虑未来的回报。当我们为一个手拄拐杖的人捡起掉到地上的书时，我们并未期望任何回报。

我们提出的这些助人行为的原因具有生物学意义。家长对子女和其他亲戚的同理心，有助于他们共享的基因得以延续。同样，进化心理学家也认为，小群体中的互惠利他主义提高了所在群体成员的生存机会。

人们何时会做出帮助行为

旁观者为什么都如此无动于衷呢？社会心理学家对此感到好奇和担忧。因此，他们设计实验来考察人们什么时候才会在紧急情况下伸出援助之手。他们还进一步考察，哪些人最有可能在非紧急情况下帮助别人，如捐钱、献血或贡献时间？

在他们的答案中，研究者发现以下人群通常更愿意做出帮助行为：

- 有负罪感，所以会找一种途径来减轻负罪感或修复自我形象；
- 有好心情；
- 有虔诚的宗教信仰（以高频率的捐赠和志愿服务为据）。

社会心理学家也研究了促进助人行为的情境，我们帮助他人的概率在以下情境中会增加：

- 我们刚刚目睹了一个助人行为榜样；
- 我们并未在匆忙赶路；
- 受害者看上去需要并值得帮助；
- 受害者与我们自己很相似；
- 我们生活在小城镇或乡村；
- 周围其他旁观者很少。

旁观者的数量

旁观者在紧急情况下的冷漠使得社会评论家们感到悲哀，他们哀叹人们的“疏离”“无情”“冷漠”以及“无意识施虐冲动”。通过把紧急事件中的不干预行为归因于旁观者的个人禀性，我们倒是可以聊以自慰：作为有同情心的人，我们在类似情境中肯定会提供帮助。那么，那些旁观者就真的具有那种无情的禀性吗？

社会心理学家比伯·拉塔奈和约翰·达利[9]并不这样认为。他们巧妙地设计了一些紧急情境，发现一个特别的情境因素，即其他旁观者的在场，会大大减少人们对事件的干预。截至1980年，研究者共做了40多个实验，比较了个体在两种情况下提供帮助的可能性：其一是个体认为自己作为旁观者独自在场，另一种是认为还有其他人在场。如果旁观者之间可以自由沟通，受害者在只有一名旁观者时得到帮助的可能性，至少不低于有多名旁观者在场的情况[10]。互联网上的沟通也是如此，当人们相信自己是唯一被请求给予帮助（例如，有人询问大学图书馆的网址）的人，而没有其他人收到相同的请求时，他们更容易做出帮助行为[11]。

有时候，在有更多人在场的情况下，比如前文提到的纽约地铁事故一幕，受害者却更少有机会获得帮助。拉塔奈、达布斯[12]和145名合作者共做了1 497次测试。他们在乘电梯时装作不经意地掉落了一枚硬币或一支铅笔，当旁边只有一名乘梯者时，他们得到帮助的可能性为40%；而当旁边有6名乘梯者时，他们得到帮助的可能性不超过20%。

为什么其他旁观者的在场有时会抑制帮助行为呢？拉塔奈和达利推测，当旁观者的人数增加时，任何一个旁观者都会更少地注意到事件的发生，更少地把它解释为一个需要处理的问题或紧急情况，更少地认为自己有采取行动的责任（图9-1）。

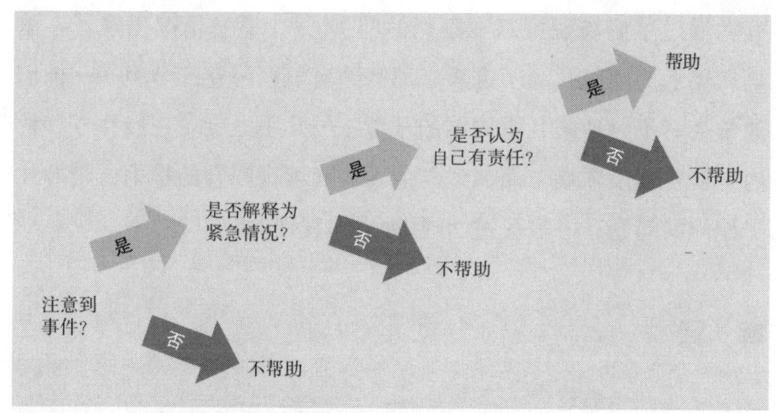

图 9-1 拉塔奈和达利的决策树。决策树上只有一条路径能导致帮助行为。在每一个分岔处，他人的在场都会使人走向“不帮助”的分支。[13]

注 意

在一个熙熙攘攘的街道上，一个叫埃莉诺·布拉德利的女子不小心摔断了腿。假设 20 分钟后，你正好经过，你的眼睛看着前面行人的背部（盯着周围的来往行人是不礼貌的），脑子里还想着白天发生的一些事情。这时你会注意到路旁有一个受伤的女子吗？如果此时街上十分冷清，你是否更容易注意到那个受伤的女子？

为了得到答案，拉塔奈和达利[14]招募了一些哥伦比亚大学的学生来做实验，让他们在一个房间里填写问卷，有些人单独填写，其他人则和两个陌生人一起填写。就在他们正埋头填写问卷时（研究者通过单向玻璃可以观察到他们），一个紧急情况出现了：浓烟从墙上的通风孔涌了进来。那些独自填写问卷的学生——他们通常会时不时地瞄几眼周围的环境——几乎立刻（一般在 5 秒钟内）就发现了浓烟；而那些与他人一起填写问卷的学生，则专注于他们的问卷，一般会过 20 秒钟后才发现。

解　释

一旦我们注意到一个模糊事件，我们必去解释它。如果你待在一个充满烟雾的房间，即使会心生担忧，你也不愿意表现得慌张而让自己丢脸。你通常会看看其他人的反应，如果他们看起来都很平静、漠不关心，你就会认为一切正常。也许你会耸耸肩，接着又继续工作。另一个人也发现了烟雾，而他看到你表现得无所谓，就同样不做声了。这是信息影响的另一个例子。

拉塔奈和达利的实验中也是如此。那些单独工作的人发现了烟雾，通常会犹豫一下，接着起身走到通风孔旁边感觉一下、闻一下，挥手驱散烟雾，再犹豫一会儿，然后去报告。与此形成明显对比的是，那些 3 人一组的人们常常没有任何行动。在 8 个组的 24 人中，只有 1 人在头 4 分钟内报告看见了烟雾（图 9-2）。在持续 6 分钟的实验结束时，烟雾浓烈到模糊了视线，人们开始揉眼睛和咳嗽。尽管如此，8 个组中也只有 3 个组各有 1 人去报告。

同样有趣的是，群体被动性还影响了其成员对事件的解

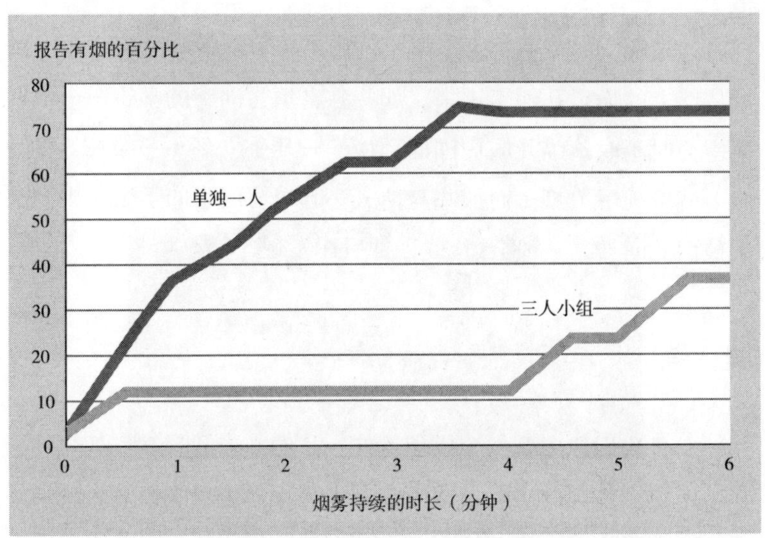

图 9-2 “房间充烟”实验。与 3 人一组共同工作的人相比，单独工作的人更可能报告有烟雾进入了房间。[15]

释。是什么导致了烟雾呢？“空调设备泄漏。”“楼内有化学实验室。”“蒸汽管的问题。”但是没人说“着火了”。不采取任何行动的组内成员，对情境的解释显然受到了彼此的影响。

实验中的困境与我们在现实生活中遇到的困境相似。窗外的尖叫是否只是开玩笑，还是真的有人因遇袭而呼救？一群男孩是在嬉戏打闹还是真的在恶意斗殴？倒在街上的人是在睡觉、吸毒过量还是有严重疾病，比如因糖尿病而昏迷？当雨果 · 阿尔弗雷多 · 塔莱 - 亚克斯面朝下趴在纽约皇后区的大街上，因多处刀伤失血过多而死亡时，路过的人一定都会面临这样的问题。监控录

旁观者无动于衷。什么影响了我们对这种场景的理解？
我们做出帮助与否的决定又受哪些因素的影响？

像显示，在长达一个多小时的时间里，很多人从这名流浪汉身边走过，直到最后有一个人向前摇了摇他，然后把他翻过来才露出刀伤[16]。

如果凶手在场，干预需要冒身体受伤的风险，在这样的危险情境下，旁观者效应就会小一些[17]。事实上，有时旁观者会在干预中以身犯险。这一点在“9·11”事件中有突出表现，当四名基地组织劫机者驾驶联合航空 93 号班机，企图撞击美国国会大厦时，以托德·比默为首的一群乘客一呼而上（“大家上啊！”），集体阻止了这一行动。

确定责任

错误的解释并不是**旁观者效应**（bystander effect；陌生人面临模糊紧急事件时的不作为）的全部成因。有时候紧急事件非常明显，根据最初的报道，那些看见和听到吉诺维斯求救的人虽然能正确解释正在发生的事件，但邻居的灯光和窗边的侧影又告诉他们，其他人也注意到了这件事，这就分散了他们采取行动的责任。

很少有人亲眼目睹谋杀案，但所有的人都有过当有其他人在场时，对他人的需求做出较慢反应的经历。与在乡村道路上相比，在高速公路上，我们更少为汽车抛锚者提供帮助。为了解释在明

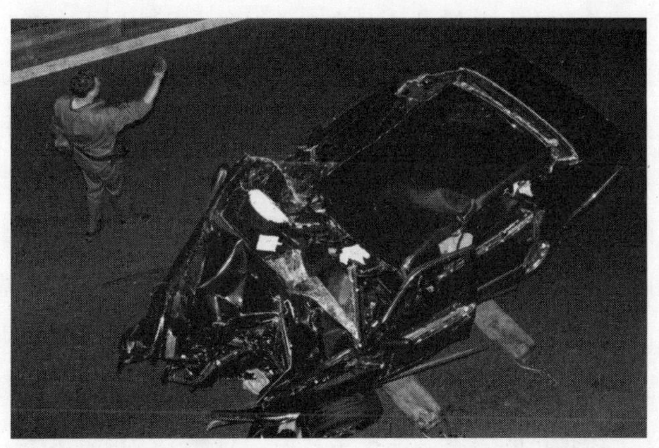

责任分散。当黛安娜王妃发生车祸时，在场的九名摄影师人人都有手机，但只有一人打了电话，其他人都没有打电话报警。他们的解释很一致：他们以为已经有人打了电话[18]。

显紧急的情况下旁观者不作为的现象，达利和拉塔奈[19]模拟了吉诺维斯案。他们把人们安排在隔开的房间里，从这些房间能够听到受害者的求救声。为了创设这一情境，他们让纽约大学的学生通过实验室的联络设备讨论大学生活中的问题。研究者告诉参与者，没人看到他们，他们的身份是保密的，连实验人员也不会偷听他们的谈话。在讨论正在进行的时候，这些参与者听到一个人突然癫痫发作的声音，他说话越来越困难，病情越来越重，他在恳求帮助。

那些相信除自己外再没有其他人知情的参与者，有 85% 离开了他们的房间给予帮助；而那些认为除自己外还有其他 4 人也听到了呼救声的参与者，只有 31% 给予帮助。那些不做出任何反应的人是否就无动于衷或冷漠无情呢？当研究者走过来说结束实验时，大多数人立刻表示出关心，很多人都感到手在颤抖或掌心出汗。他们相信有紧急情况发生，但不能决定是否该行动。

在这些实验（如“房间充烟”实验）完成后，拉塔奈和达利询问参与者，他人在场是否会影响他们？虽然我们已经看到了他人在场所产生的巨大影响，但参与者却几乎总是否认这种影响的存在。他们一般回答说：“我知道有其他人在场，但我的反应与他们不在场时是一样的。”这些回答强化了一个我们熟知的观点：我们通常并不知道自己所作所为的原因。这就是实验为什么具有启示意义。在真正的紧急事件发生之后，对袖手旁观者的事后调查会掩盖旁观者效应。

在前面的章节中，我们也提到过人们无法预测自己行为的其他例子。尽管大学生们预测，他们有道德勇气回应性别歧视言论、种族歧视言论或盗窃他人手机的行为，但他们的同龄人（在面对真实情境时）却很少这样做。因此，要了解人们的实际行为就需要科学家的研究。

这些实验引出了一个伦理问题。强迫不知情的人听某人崩溃的声音，这样做对吗？在癫痫发作的实验中，研究者迫使参与者决定是否要中断讨论而去报告出现的紧急情况，这样做符合伦理吗？你会反对参加这样的实验吗？请注意，这样的实验是不可能去征得你的"知情同意"的，因为这会破坏实验中的伪装设计。

研究者总是认真地向实验参与者进行事后解释。在解释完癫痫发作实验（这项实验让参与者承受的压力也许是最大的）之后，研究者对参与者做了问卷调查，所有参与者都认为实验中的欺骗是可以接受的，他们愿意以后再参加类似的实验，没有人因此而怪罪研究者。其他研究者也证实，这些实验的绝大多数参与者都认为，他们参与的实验是有益的且符合伦理[20]。在现场实验中，如果没有旁人提供帮助，研究助手就会提供帮助，用这样的方式使旁观者确认那个问题已得到解决。

须谨记，社会心理学家担负着双重的伦理责任：其一是保护参与者；其二是致力于发现影响人类行为的因素，进而改善人们的生活。上述发现可以提醒我们留意一些有害因素的影响，并且知道如何发挥积极作用。伦理原则应该是这样的：在保护参与者利益的前提下，社会心理学家通过更深入地洞察我们的行为，从而实现他们对社会的责任。

了解了抑制利他主义的诸因素就可以降低这些因素的影响吗？菲利普 · 津巴多的“英雄主义计划”旨在增强人们的勇气和同情心，他认为成为英雄的第一步即要认识到，社会压力可能会阻止作为旁观者的你采取行动[21]。

阿瑟·比曼及其同事[22]用蒙大拿大学学生作被试的实验表明，人们一旦了解了为什么旁观者在场会抑制帮助，他们在群体情境下帮助的可能性就会增加。研究者在演讲中，告诉一部分学生，旁观者的冷漠如何影响个体对紧急事件的解释以及责任感。另一部分学生则听一场其他的演讲或者未听任何演讲。两周之后，在另一地点进行了另一项实验，作为该实验的一部分，参与者（与一个冷漠的研究同谋）在路上遇见一个人摔倒在地或者趴在自行车底下。结果发现，在那些没有听帮助演讲的人中，只有四分之一的人会停下来实施帮助，而接受了“启迪”的参与者中实施帮助的人数则两倍于此。

读完这一模块之后，你或许已经有所改变了。当你了解了什么因素会影响人们的反应之后，你的态度和行为还会与以前一样吗？恰巧，我（戴维 · 迈尔斯）和另一位作者都经历过类似的事情。琼 · 特韦奇在一门社会心理学课上讲过这个研究之后，有学生发来了一封电子邮件，说他看到一名年轻女子在教室外面晕倒了。他想起课上说没有其他人会帮助她，于是拨打了 911，并在旁边守着她。就在我要写下这最后一段的当口，一位以前住在华盛顿特区的学生来访，她提及了她刚刚经历的一件事情。一名男子不省人事地躺在人行道上，旁观者纷纷走过。“这让我想到了那节社会心理学课，还有群体中人们为什么无动于衷的原因。我想，‘如果我也袖手旁观，那么谁来帮助他呢？’”于是，她拨打了急救电话，并一直陪伴在那个人的身边，这时其他旁观者也加入进来，直到救护车到达。

那么，对正面和负面的社会影响的了解将会如何影响你呢？你学到的知识会不会影响你的行为？但愿如此。

参考文献索引

第 1 章

1. Chou et al., 2014
2. Swami et al., 2008
3. Roehling et al., 2008, 2009, 2010
4. Roehling, 2000
5. Bugental & Hehman, 2007
6. Murray & Marx, 2013; Pettigrew, 2006
7. Pettigrew et al., 2008; Zick et al., 2008
8. Jussim, McCauley, & Lee, 1995
9. Kay et al., 2013
10. Koenig & Eagly, 2014
11. Kramer & Chung, 2011
12. Jussim, 2012
13. Graham et al., 2012
14. Greitemeyer, 2009c
15. Nario-Redmond, 2010
16. Puhl & Heuer, 2009, 2010
17. Dovidio et al., 1996; Wagner et al., 2008
18. Carpusor & Loges, 2006
19. Butler & Broockman, 2011
20. Tykocinski & Bareket-Bojmel, 2009
21. Greenwald & Pettigrew, 2014
22. Gaucher et al., 2011
23. Benaji & Greenwald, 2013
24. Kawakami et al., 2000
25. Blanton et al., 2006, 2009; Oswald et al., 2013
26. Bernstein et al., 2010; Goldman, 2012; Payne et al., 2010; Stephens-Davidowitz, 2014
27. Hyman & Sheatsley, 1956
28. Pew, 2012
29. Newport, 2013
30. Ford, 2008
31. Clark & Clark, 1947
32. Jackman & Senter, 1981; Smedley & Bayton, 1978
33. Carroll, J. (2007, August 16). Most Americans approve of interracial marriages. *Gallup News Service.*
34. Pew Research Center. (2010, February 4). *Almost all millennials accept interracial dating and marriage.* Pew Research Center.
35. Pew Research Center. (2010, June 4). *Marrying out: One-in-seven new U.S. marriages is interracial or interethnic.* Pew Research Center.
36. Shutts et al., 2011
37. Banaji & Greenwald, 2013
38. Dovidio et al., 1992; Esses et al., 1993a; Gaertner & Dovidio, 2005
39. Wang et al., 2011
40. Pedersen & Walker, 1997; Tropp &

Pettigrew, 2005a
41. Bertrand & Mullainathan, 2003
42. Drydakis, 2009; Tilcsik, 2011; Weichselbaumer, 2003
43. Crosby & Monin, 2007; Fiske, 1989; Hart & Morry, 1997; Hass et al., 1991
44. Harber, 1998
45. Harber, Stafford, & Kennedy, 2010
46. Tetlock, 2007
47. Green et al., 2007
48. Rooth, 2007
49. Correll et al., 2002, 2007, 2015; Sadler et al., 2012
50. Greenwald, Nosek, & Banaji, 2003
51. Plant et al., 2011
52. Payne, 2001, 2006; Judd et al., 2004
53. Klauer & Voss, 2008
54. Fachner & Carter, 2015
55. Ma et al., 2013; Miller et al., 2012
56. Greenwald & Schuh, 1994
57. Jackman & Senter, 1981
58. Newport, 2001
59. Swim, 1994
60. Williams et al., 1999, 2000
61. Lueptow et al.,1995
62. Astin et al., 1987; Sax et al., 2002
63. Eagly et al., 1991
64. Haddock & Zanna, 1994
65. Eagly, 1994
66. Glick & Fiske, 1996, 2007, 2011
67. Cuddy et al., 2009
68. Holoien & Fiske, 2013
69. Baumeister, 2007; Pinker, 2008
70. Phelan & Rudman, 2010
71. Okimoto & Brescoll, 2010
72. UNESCO, 2013
73. Devries et al., 2013
74. Rudman & Mescher, 2012
75. Newport, 2011
76. CIA, 2014
77. Stephens-Davidowitz, 2014
78. Katz-Wise & Hyde, 2012; United Nations, 2011
79. Pew, 2014
80. McCarthy, 2015
81. McCarthy, 2014
82. GLSEN, 2012
83. Pew, 2013
84. Hunt & Jensen, 2007
85. Jones, 2012
86. Pew, 2013
87. Hatzenbuehler, 2014
88. Schmitt et al., 2014

第 2 章

1. Costa-Lopes et al., 2013; Kraus & Keltner, 2013
2. G. W. Allport, 1958, pp.204-205
3. Hacker, 1951
4. Vescio et al., 2005
5. Dardenne et al., 2007
6. Castelli et al., 2007
7. Sinclair et al., 2004
8. Fraley et al., 2012
9. Adorno et al., 1950
10. Adorno et al., 1950
11. Akrami et al., 2011; Zick et al., 2008
12. Kay & Eibach, 2013; Saucier et al., 2009
13. Brandt et al., 2014; Toner et al., 2013
14. Altemeyer, 1988, 1992
15. James, 1902, p.264
16. Hall et al., 2010; Johnson et al., 2011

17. Batson & Ventis, 1982
18. Allport & Ross, 1967
19. Gallup & Jones, 1992
20. Fichter, 1968; Hadden, 1969
21. Reed, 1989
22. Allport, 1958, p.413
23. Ford et al., 2008; Zitek & Hebl, 2007
24. Pettigrew, 1958
25. Campbell & Pettigrew, 1959
26. Hoffman, 1977
27. Stout et al., 2011
28. Hepworth & West, 1988; Hovland & Sears, 1940
29. Falk et al., 2011; Green et al., 1998
30. Frank, 1999
31. G. W. Allport, 1958, p.325
32. Rothschild et al., 2012
33. Skitka et al., 2004
34. Becatoros, 2012
35. Bouman et al., 2014; Greenaway et al., 2014
36. Santos et al., 2010
37. Maddux et al., 2008; Pereira et al., 2010; Sassenberg et al., 2007
38. Pettigrew et al., 2008, 2010
39. Palmer, 1996
40. AP/ Ipsos, 2006; Pew, 2006
41. Bearak, 2010
42. Gluszek & Dovidio, 2010; Kinzler et al., 2009
43. Turner, 1981, 2000
44. Hogg, 1992, 2010, 2014
45. Chen et al., 2006; Haslam, 2014
46. Ray et al., 2008
47. Buttelmann & Böhm, 2014; Dunham et al., 2013
48. Sani et al., 2012; Smith & Tyler, 1997
49. Hogg, 2014
50. Gómez et al., 2011; Swann et al., 2012, 2014a, b
51. Staub, 1997a, 2005a
52. Crocker & Luhtanen, 1990; Hinkle et al., 1992
53. Verkuyten & Yildiz, 2007
54. Cialdini et al., 1976
55. Tesser et al., 1988
56. Billig & Tajfel, 1973; Brewer & Silver, 1978; Locksley et al., 1980
57. Tajfel & Billig, 1974; Tajfel, 1970, 1981, 1982
58. Wilder, 1981
59. Ellemers et al., 1997; Moscatelli et al., 2014
60. Lemyre & Smith, 1985; Pettigrew et al., 1998; Thompson & Crocker, 1985
61. Crocker et al., 1987
62. Ashton-James & Tracy, 2012
63. Greenberg et al., 1990, 2013; Schimel et al., 1999
64. Greenberg et al., 2001, 2008
65. McGregor et al., 2001; Sani et al., 2009
66. Landau et al., 2004
67. Pyszczynski et al., 2006
68. Macrae & Bodenhausen, 2000, 2001
69. Navarrete et al., 2010
70. Dawkins, 1993
71. Hewstone et al., 1991; Stroessner et al., 1990; Taylor et al., 1978
72. Krueger & Clement, 1994a
73. S.E. Taylor, 1981; Wilder, 1978
74. Ostrom & Sedikides, 1992
75. Huddy & Virtanen, 1995

76. Park & Rothbart, 1982
77. Byrne & Wong, 1962; Rokeach & Mezei, 1966; Stein et al., 1965
78. Chance & Goldstein, 1981, 1996; Ellis, 1981; Meissner & Brigham, 2001; Sporer & Horry, 2011
79. Bothwell et al., 1989
80. Gross, 2009
81. Walker & Hewstone, 2008
82. Sporer et al., 2007
83. Kelly et al., 2005, 2007
84. Wright, Boyd, & Tredoux, 2001
85. P. G. Devine & R. S. Malpass, orienting strategies in differential face recognition. *Personality and Social Psychology Bulletin*, 1985, 11, pp. 33–40.
86. Kawakami et al., 2014; Shriver et al., 2008; Van Bavel & Cunningham, 2012; Young et al., 2010
87. Crocker & McGraw, 1984; S. E. Taylor et al., 1979
88. Taylor & Fiske, 1978
89. Nelson & Miller, 1995
90. Bettencourt et al., 1997
91. Carter, 1993, p. 54
92. Biernat & Kobrynowicz, 1997
93. Langer & Imber, 1980
94. Swim et al., 1998
95. Kleck & Strenta, 1980
96. Devine et al., 1996
97. Sherman, 1996
98. Hendersen-King & Nisbett, 1996
99. Ipsos, 2014
100. Morales, 2011
101. Chandra et al., 2011; Herbenick et al., 2010
102. Jussim, 2012
103. Hamilton & Gifford, 1976
104. Berndsen et al., 2002
105. Sherman et al., 2009
106. Risen et al., 2007
107. Levy et al., 1998; Williams & Eberhardt, 2008
108. Lerner, 1980; Lerner & Miller, 1978
109. Lerner, 1980
110. Hafer & Rubel, 2015
111. Lerner & Simmons, 1966
112. Imhoff & Banse, 2009
113. Carli et al., 1989, 1999
114. Borgida & Brekke, 1985
115. Summers & Feldman, 1984
116. Furnham & Gunter, 1984
117. Gruman & Sloan, 1983
118. Savani et al., 2011
119. Malahy et al., 2009
120. Olson et al., 2008
121. Baron & Hershey, 1988
122. Jost et al., 2009; Kay et al., 2009; Osborne & Sibley, 2013
123. Brescoll et al., 2013
124. Chatard et al., 2007
125. Crocker et al., 1983
126. Wilder & Shapiro, 1989
127. Ickes et al., 1982
128. Brewer & Gaertner, 2004; Hewstone, 1994; Kunda & Oleson, 1995, 1997
129. Hewstone et al., 1992
130. Richards & Hewstone, 2001
131. Allport, 1958, p.139
132. Word, Zanna, & Cooper, 1974
133. Inzlicht et al., 2006, 2012
134. Steele, 2010; Steele et al., 2002

135. Spencer, Steele & Quinn, 1999
136. Logel et al., 2009
137. Rydell et al., 2010
138. Steele & Aronson, 1995
139. Nadler & Clark, 2011
140. Stone et al., 1999
141. Stone, 2000
142. Silverman & Cohen, 2014
143. Steele, 1997
144. Osborne, 1995
145. Brown et al., 2000
146. Cohen et al., 1999
147. Walton, 2014
148. Cohen et al., 2006, 2009
149. Bowen et al., 2013; Hall et al., 2014; Miyake et al., 2010; Sherman et al., 2013

第 3 章

1. Dutton et al., 2005; Sternberg, 2003
2. Brock et al., 2013
3. FBI, 2016
4. Black et al., 2011
5. WHO, 2014
6. Munoz-Rivas et al., 2007
7. Craig & Harel, 2004
8. Mishna et al., 2010
9. Katzer et al., 2009
10. Kowalski et al., 2014; Ortega et al., 2012; Sigurdson et al., 2014
11. Park et al., 2014
12. Dehue et al., 2008
13. Moyer, 1976, 1983
14. Raine, 2005, 2008; Raine et al., 1998, 2000
15. Davidson et al., 2000; Lewis, 1998; Pincus, 2001
16. Lagerspetz, 1979
17. Asher, 1987; Bettencourt et al., 2006; Denson et al., 2006; Olweus, 1979
18. Kagan, 1989; Wilkowski & Robinson, 2008
19. Larsen & Diener, 1987; Wilson & Matheny, 1986
20. Moffitt et al., 2011
21. Huesmann et al., 2003
22. Frisell et al., 2011
23. Denson et al., 2009; Eisenberger et al., 2007
24. McDermott et al., 2009
25. Bushman, 1993; Taylor & Chermack, 1993; Testa, 2002
26. MacDonald et al., 2000
27. Dearden & Payne, 2009
28. Landberg & Norstrom, 2011
29. NCADD, 2014
30. Karberg & James, 2005
31. Moore et al., 2011
32. Bartholow & Heinz, 2006; Giancola & Corman, 2007; Ito et al., 1996
33. Begue et al., 2010
34. Dabbs, 1992; Dabbs et al., 1995, 1997, 2001
35. Archer, 1991; Barzman et al., 2013
36. Peterson & Harmon-Jones, 2012
37. Klinesmith et al., 2006
38. Carré& McCormick, 2008
39. Carré et al., 2009; Stirrat & Perrett, 2010
40. Dabbs, 2000
41. Geen, 1998
42. Gesch et al., 2002
43. Solnick & Hemenway, 2012

44. Golomb et al., 2012
45. Dollard, 1939
46. Brown et al., 2001
47. Breuer et al., 2014
48. Rafferty & Vander Ven, 2014
49. Marcus-Newhall et al., 2000; Miller et al., 2003; Pedersen et al., 2000, 2008
50. Vasquez et al., 2005
51. Timmerman, 2007
52. Pedersen et al., 2008
53. Friedman, 2003
54. Cheney, 2003
55. Bernstein & Worchel, 1962
56. Berkowitz, 1978, 1989
57. Averill, 1983; Weiner, 1981
58. Carlson et al., 1990
59. Berkowitz, 1968, 1981, 1995
60. Berkowitz & LePage, 1967
61. Anderson et al., 1998; Dienstbier et al., 1998
62. Bartholow et al., 2004
63. Loftin et al., 1991
64. Howard, 2013
65. VPC, 2015
66. Ginsburg & Allee, 1942; Kahn, 1951; Scott & Marston, 1953
67. Patterson et al., 1967
68. McCarthy & Kelly, 1978a, b
69. Ennis & Zanna, 1991
70. BBC, 2008
71. Marsden & Attia, 2005
72. Rubin, 1986
73. Bandura, 1997
74. Bandura et al., 1961
75. Bandura, 1979
76. Patterson et al., 1982
77. Bandura & Walters, 1959; Straus & Gelles, 1980
78. Kaufman & Zigler, 1987; Widom, 1989
79. Gershoff, 2002
80. Cartwright, 1975; Short, 1969
81. Bingenheimer et al., 2005
82. Bond, 2004
83. Nisbett, 1990, 1993
84. Cohen, 1996, 1998
85. Henry, 2009
86. Cohen et al., 1996
87. Vandello et al., 2008
88. Brown et al., 2009
89. Bandura, 1979
90. Azrin, 1967
91. Berkowitz, 1983, 1989, 1998
92. Rotton & Frey, 1985
93. Griffitt, 1970; Griffitt & Veitch, 1971
94. Bell, 1980; Rule et al., 1987
95. Kenrick & MacFarlane, 1986
96. Larrick et al., 2011
97. Anderson & Anderson, 1984; Cohn, 1993; Cotton, 1981, 1986; Harries & Stadler, 1988; Rotton & Cohn, 2004
98. Anderson & Delisi, 2010
99. Ohbuchi & Kambara, 1985
100. Baron et al., 1976; McNeel, 1980
101. Calhoun, 1962; Christian et al., 1960
102. Fleming et al., 1987; Kirmeyer, 1978
103. Gifford & Peacock, 1979
104. Landers, 1969
105. Perls, 1973
106. Gilsdorf, 2013
107. Butcher, 1951
108. Bushman, 2002
109. Bushman, 2002

110. Martin et al., 2013
111. Arms et al., 1979; Goldstein & Arms, 1971; Russell, 1983
112. Bushman, 2002
113. Ramirez et al., 2005
114. Bushman, Baumeister, & Stack, 1999; Bushman, Baumeister, & Phillips, 2000, 2001
115. Bushman, 1999
116. Kubany et al., 1995
117. Hamblin et al., 1969
118. R.A. Baron, 1977
119. Costanzo, 1998
120. Darley & Alter, 2009
121. Wilson & Lipsey, 2005
122. Campbell, 2005; Wingate et al., 2013
123. Mishna, 2004
124. Noble, 2003
125. Goldstein et al., 1998
126. Eron & Huesmann, 1984
127. Robinson et al., 2001
128. Greitemeyer, 2011
129. Pinker, 2011

第 4 章

1. D'Orlando, 2011
2. Carroll et al., 2008
3. Wright, 2013
4. Sun et al., 2008
5. Kahlor & Morrison, 2007
6. Malamuth & Check, 1981
7. Hald & Malamuth, 2015
8. Oddone-Paolucci et al., 2000
9. Mullin & Linz, 1995
10. Donnerstein et al., 1987
11. Kingston et al., 2009
12. D'Abreu & Krahé, 2014
13. Vega & Malamuth, 2007
14. Ybarra et al., 2011
15. Bourke & Hernandez, 2009
16. Bennett, 1991; Kingston et al., 2008
17. Donnerstein, 1980
18. Koop, 1987
19. Check & Malamuth, 1984
20. Lambert et al., 2011
21. Nielsen, 2010
22. Nielsen, 2011
23. Nielsen, 2011
24. Senate Committee on the Judiciary, 1999
25. PTC, 2013
26. Martins & Wilson, 2012a
27. AP, 2013
28. Indo-Asian News Service, 2013
29. Eron, 1987; Turner et al., 1986
30. Krahé et al., 2012
31. Coyne & Archer, 2005
32. Martins & Wilson, 2012b
33. Belson, 1978; Muson, 1978
34. Eron & Huesmann, 1980, 1985
35. Robertson et al., 2013
36. Gentile & Bushman, 2012
37. Donnerstein, 2011
38. Donnerstein, 2011
39. Livingstone & Haddon, 2009
40. Ybarra et al., 2008
41. Huesmann et al., 1984, 2003
42. Johnson et al., 2002
43. Gentile et al., 2004
44. Bandura & Walters, 1963
45. Berkowitz & Geen, 1966
46. Anderson et al., 2003

47. Coyne et al., 2008
48. Coyne et al., 2012
49. Zillmann & Weaver, 1999
50. Mares & Braun, 2013
51. Comstock, 2008; Gentile et al., 2007; Zillmann & Weaver, 2007
52. Bushman & Anderson, 2001
53. Anderson et al., 2003
54. Geen & Thomas, 1986
55. Mueller et al., 1983; Zillmann, 1989
56. Berkowitz, 1984; Bushman & Geen, 1990; Josephson, 1987
57. Barongan & Hall, 1995; Johnson et al., 1995; Pritchard, 1998
58. Friedrich & Stein, 1973; Stein & Friedrich, 1972
59. Friedrich & Stein,1975; 也见 Coateset al., 1976
60. Gentile & Anderson, 2003; Anderson & Gentile, 2008
61. Anderson et al., 2007
62. Pew Research Center, 2008
63. Anderson, 2003, 2004
64. Gentile, 2004
65. Kleinfield et al., 2013
66. Stegall, 2013
67. Anderson, 2011
68. Lowenstein, 2000
69. Simon, 2011
70. Anderson et al., 2010
71. Hasan et al., 2013
72. Moller & Krahé, 2008
73. Gentile et al., 2004
74. Anderson et al., 2008
75. Bushman & Anderson, 2002
76. Craig A. Anderson and Brad J. Bushman, Effects of violent video games on aggressive behavior, aggressive cognition, aggressive effect, psychological arousal and prosocial behavior: A meta-analytic review of the scientific literature, *Psychological Science*, 12, No. 5, pp. 353–359.
77. Hasan et al., 2012
78. Lin, 2013
79. Saleem et al., 2012
80. Montag et al., 2012
81. Ybarra et al., 2014
82. Gabbiadini et al., 2014
83. DeLisi et al., 2013
84. Bushman & Anderson, 2009
85. Sheese & Graziano, 2005
86. Bartholow et al., 2006; Carnagey et al., 2007
87. Greitemeyer & McLatchie, 2011
88. Barlett et al., 2008
89. Bartlett & Rodeheffer, 2009
90. Kutner & Olson, 2008
91. Bushman & Whitaker, 2010
92. Scalia, 2011
93. Ferguson & Kilburn, 2010
94. Anderson et al., 2010
95. Dye et al., 2009; Sanchez, 2012; Wu et al., 2012
96. Przyblski et al., 2010
97. Weis & Cerankosky, 2010
98. Gentile et al., 2009
99. Greitemeyer et al., 2012
100. Gentile & Anderson, 2011
101. Anderson, 2003, 2004

第5章

1. Hatfield & Walster, 1978
2. Backet al., 2008
3. Bossard, 1932; Burr, 1973; Clarke, 1952; McPherson et al., 2001
4. Pew, 2006
5. Newcomb, 1961
6. Arkin & Burger, 1980
7. Darley & Berscheid, 1967
8. Berscheid et al., 1976
9. Gilbert et al., 1998
10. Klein & Kunda, 1992; Knight & Vallacher, 1981; Miller & Marks, 1982
11. Bornstein, 1989, 1999
12. Zajonc, 1968, 1970
13. Zajonc, 1968
14. Hoorens & Nuttin, 1993; Hoorens et al., 1990; Kitayama & Karasawa, 1997; Nuttin, 1987
15. Knewtson & Sias, 2010
16. Kahneman & Snell, 1992
17. Harrison, 1977
18. Zajonc, 1998
19. Reis et al., 2011
20. Bar-Haim et al., 2006; Kelly et al., 2005, 2007
21. Pelham, Mirenberg, & Jones, 2002
22. Jones et al., 2002; Koole et al., 2001
23. Bailenson et al., 2009; DeBruine, 2004
24. Jones et al., 2004
25. Pelham, Mirenberg, & Jones, 2002
26. Simonsohn, 2011a, b
27. Pelham & Carvallo, 2011
28. Mita et al., 1977
29. McCullough & Ostrom, 1974; Winter, 1973
30. Courbet et al., 2014
31. Patterson, 1980; Schaffner et al., 1981
32. Berscheid et al., 1971; Reis et al., 1980, 1982; Walster et al., 1966
33. Fletcher et al., 2004
34. Lippa, 2007
35. Meltzer et al., 2014
36. Ha et al., 2012
37. Russell, 1930, p.139
38. Feingold, 1990, 1991; Sprecher et al., 1994a
39. American Society for Aesthetic Plastic Surgery, 2014
40. Mast & Hall, 2006
41. Hatfield et al., 1966
42. Eastwick & Hunt, 2014
43. Livingston, 2001
44. Berscheid, 1981
45. Lenton & Francesconi, 2010
46. Plaut et al., 2009
47. Agthe et al., 2011; Cash & Janda, 1984; Mack & Rainey, 1990; Marvelle & Green, 1980
48. Baron et al., 2006
49. Engemann & Owyang, 2003; Persico et al., 2004
50. Roszell et al., 1990
51. Frieze et al., 1991
52. Hamermesh, 2011
53. Murstein et al., 1986
54. Feingold, 1988; Montoya, 2008
55. McClintock, 2014; Taylor et al., 2011
56. Berscheid et al., 1971; van Straaten et al., 2009
57. White, 1980
58. Cicerello & Sheehan, 1995; Hitsch et

al., 2006; Koestner & Wheeler, 1988; Rajecki et al., 1991
59. Baize & Schroeder, 1995
60. Elder, 1969; Kanazawa & Kovar, 2004
61. Houston & Bull, 1994
62. Houston & Bull, 1994
63. Dion & Berscheid, 1974; Langlois et al., 2000
64. Langlois et al., 1987
65. Clifford & Walster, 1973
66. Dion, 1972
67. Eagly et al., 1991; Feingold, 1992b; Jackson et al., 1995
68. Segal-Caspi et al., 2012
69. Lemay et al., 2010
70. Halford & Hsu, 2014
71. Bazzini et al., 2010
72. Dion, 1979
73. Honigman et al., 2004
74. Kalick, 1977
75. Olson & Marshuetz, 2005
76. Segal-Caspi et al., 2012
77. Feingold, 1992b; Langlois et al., 2000
78. Goldman & Lewis, 1977
79. Brand et al., 2012
80. Langlois et al., 1996
81. Snyder et al., 1977
82. Nelson & Morrison, 2005
83. Anderson et al., 2008
84. Langlois et al., 2000
85. Rhodes, 2006
86. Langlois & Roggman, 1990; Langlois et al., 1994; Perrett, 2010
87. Sorokowski et al., 2011
88. Halberstadt, 2006
89. Brown et al., 2008; Gangestad & Thornhill, 1997
90. Penton-Voak et al., 2001; Rhodes, 2006; Rhodes et al., 1999
91. Said & Todorov, 2011
92. Gallup et al., 2008
93. Buss, 1989
94. Li et al., 2002
95. Gallup & Frederick, 2010; Gangestad et al., 2004; Macrae et al., 2002
96. Rule et al., 2011
97. McDonald et al., 2011
98. Durante et al., 2008
99. Miller et al., 2007
100. Kenrick et al., 1989
101. Zillmann, 1989
102. Brown et al., 1992; Thornton & Maurice, 1997
103. Gross & Crofton, 1977; 参见 Lewandowski et al., 2007
104. Beaman & Klentz, 1983; Klentz et al., 1987
105. Price et al., 1974
106. Johnson & Rusbult, 1989; Simpson et al., 1990
107. Miller & Simpson, 1990
108. Byrne, 1971; Caspi & Herbener, 1990
109. Bleske-Rechek et al., 2009
110. Byrne, 1971
111. Mackinnon et al., 2011
112. Chen et al., 2009; Gaunt, 2006; Gonzaga et al., 2007
113. Ireland et al., 2011
114. Randler & Kretz, 2011
115. Carter & Snow, 2004; Warren, 2005
116. Boer et al., 2011
117. Buss, 1985; Kandel, 1978

118. Jacoby, 1986
119. Winch, 1958
120. Botwin et al., 1997; Buss, 1984; Rammstedt & Schupp, 2008; Watson et al., 2004
121. Dryer & Horowitz, 1997; Markey & Kurtz, 2006
122. Lombardo et al., 1972; Riordan, 1980; Sigall, 1970
123. Aron et al., 1989
124. Berscheid & Walster, 1978
125. Eastwick et al., 2007
126. Whitechurch et al., 2011
127. Berscheid et al., 1969
128. Yzerbyt & Leyens, 1991
129. Klein, 1991
130. Baumeister & Leary, 1995
131. Mehl & Pennebaker, 2003
132. International Telecommunication Union, 2014
133. Eagan et al., 2014
134. Lenhart, 2012
135. Thompson, 2014
136. Denissen et al., 2008
137. Carvallo & Gabriel, 2006
138. Nolan et al., 2003
139. Twenge et al., 2003
140. Watt & Badger, 2009
141. Mikulincer et al., 2003; Wisman & Koole, 2003
142. DeWall et al., 2009, 2011
143. Deci & Ryan, 2002; Milyavskaya et al., 2009; Sheldon & Niemiec, 2006
144. Williams, 2001, 2007, 2009, 2011
145. Nordgren et al., 2011
146. Williams & Nida, 2009
147. Carpenter et al., 2012
148. Reijntjes et al., 2011
149. Baumeister et al., 2005; Twenge et al., 2002
150. Otten & Jonas, 2013
151. Stenseng et al., 2014
152. Kouchaki & Wareham, 2015; Poon et al., 2013; Twenge et al., 2001, 2007
153. Williams & Nida, 2011
154. Zadro et al., 2006
155. Hawkley et al., 2011
156. Gonsalkorale & Williams, 2006
157. Williams et al., 2001
158. Riva et al., 2011
159. Moor et al., 2010
160. DeWall et al., 2010
161. Younger et al., 2010
162. Zhong & Leonardelli, 2008
163. Chen et al., 2008
164. Baumeister, 2005
165. DeWall et al., 2009
166. Lakin et al., 2008

第 6 章

1. Berg, 1984; Berg & McQuinn, 1986
2. Sternberg, 1998
3. Sternberg, 1988
4. Rubin, 1973
5. Wirth et al., 2010
6. Gonzaga et al., 2001
7. Place et al., 2009
8. Hatfield, 1988
9. Hatfield, 1988
10. Carducci et al., 1978; Dermer & Pyszczynski, 1978
11. Schachter & Singer, 1962

12. Dutton & Aron, 1974
13. Foster et al., 1998; White & Kight, 1984
14. Aron et al., 2000
15. Aron et al., 2005
16. Berscheid, 2010
17. Aron et al., 2005.
18. Jankowiak & Fischer, 1992
19. Reis & Aron, 2008
20. 引自 Dion & Dion, 1985
21. Ackerman et al., 2011; Dion & Dion, 1985
22. Ackerman et al., 2011
23. Hendrick & Hendrick, 1995
24. Huston & Chorost, 1994
25. Fisher, 1994
26. Taylor et al., 2010
27. Aron et al., 2005
28. Shostak, 1981
29. Gupta & Singh, 1982
30. Myers et al., 2005; Thakar & Epstein, 2011; Yelsma & Athappilly, 1988
31. Dion & Dion, 1988; Sprecher & Toro-Morn, 2002; Sprecher et al., 1994b
32. Dion & Dion, 1991; Triandis et al., 1988
33. Kenrick & Trost, 1987
34. Gupta & Singh, 1982
35. Hatfield & Sprecher, 1986; White & Edwards, 1990
36. Hatfield et al., 1978
37. Berg, 1984
38. Clark & Mills, 1979, 1993; Clark, 1984, 1986
39. Clark et al., 1986, 1989
40. Buunk & VanYperen, 1991; Clark et al., 2010
41. Wieselquist et al., 1999
42. Pew Research Center, 2007b
43. Fletcher et al., 1987; Hatfield et al., 1985; VanYperen & Buunk, 1990
44. Schafer & Keith, 1980
45. Feeney et al., 1994
46. Holmes &Rempel, 1989
47. Derlega et al., 1993
48. Gable et al., 2006
49. Reis et al., 2010
50. Berg, 1987; Miller, 1990; Reis & Shaver, 1988
51. Baumeister & Bratslavsky, 1999
52. Pegalis et al., 1994; Shaffer et al., 1996
53. Purvis et al., 1984
54. Rogers, 1980
55. Journard, 1964
56. Beals et al., 2009
57. Mehl et al., 2010
58. Swann & Predmore, 1985
59. Berg & McQuinn, 1986; Hendrick et al., 1988; Sprecher, 1987
60. Neff & Karney, 2005
61. Sanderson & Cantor, 2001
62. Baker & McNulty, 2010
63. Greeley, 1991
64. Lambert et al., 2012
65. Beach et al., 2011
66. Cunningham, 1981
67. Millett, 1975
68. Thelwall, 2008
69. Aron & Aron, 1994
70. Slotter & Gardner, 2009
71. Slatcher & Pennebaker, 2006
72. Putnam, 2000
73. Kruger et al., 2006

74. Nie & Erbring, 2000
75. Pew Research Center, 2014
76. Joinson, 2001
77. Jiang et al., 2013
78. Dicum, 2003
79. Finkel, 2012
80. Cacioppo et al., 2013
81. Bargh et al., 2002; Bargh & McKenna, 2004; McKenna & Bargh, 1998, 2000; McKenna et al., 2002
82. Putnam, 2000
83. Putnam, p.180
84. Guiness, 1993, p.309
85. Triandis, 1994
86. Dion & Dion, 1993
87. American Enterprise, 1992
88. Finkel et al., 2014
89. Arriaga, 2001; Arriaga & Agnew, 2001
90. Adams & Jones, 1997; Maner et al., 2009; Miller, 1997
91. Popenoe, 2002
92. Campbell & Foster, 2002
93. Fergusson et al., 1984; Myers, 2000a; Tzeng, 1992
94. Stone, 1977
95. Slotter et al., 2010
96. Jaremka et al., 2011
97. Hazan & Shaver, 1994; Lewandowski & Bizzoco, 2007; Spielmann et al., 2009
98. Simpson, 1987
99. Baumeister & Wotman, 1992
100. O'Leary et al., 1994
101. Rusbult et al., 1986, 1987, 1998
102. Karney & Bradbury, 1995; Noller & Fitzpatrick, 1990
103. Gottman, 1994, 1998, 2005
104. Huston et al., 2001
105. Swann et al., 2003, 2006
106. McNulty, 2010
107. Markman et al., 1988; Notarius & Markman, 1993; Yovetich & Rusbult, 1994
108. Finkel et al., 2013
109. Kellerman, Lewis & Laird, 1989
110. Rubin, 1973
111. Sternberg, 1988
112. Sarnoff & Sarnoff, 1989

第 7 章

1. Richardson, 1960
2. SIPRI, 2014
3. Deutsch, 1999
4. Rapoport, 1960
5. Dreber et al., 2008
6. Anderson et al., 2008
7. Shergill et al., 2003
8. Hardin, 1968
9. Sato, 1987
10. Gifford & Hine, 1997; Hine & Gifford, 1996
11. Greenwald, 2012
12. Brockner et al., 1982; Teger, 1980
13. Smith, 1776, p.18
14. Krueger et al., 2012; Ostrom, 2014
15. Gifford & Hine, 1997; Nowak, 2012
16. Costello et al., 2008
17. Kerr, 1989
18. Kerr & Kaufman-Gilliland, 1997
19. Oishi et al., 2007
20. Dunbar, 1992, 2010
21. Deutsch & Krauss, 1960
22. Bornstein et al., 1988, 1989

23. Bouas & Komorita, 1996; Drolet & Morris, 2000; Kerr et al., 1994, 1997; Pruitt, 1998
24. Messé & Sivacek, 1979; Pruitt & Kimmel, 1977
25. Balliet et al., 2011
26. Lynn & Oldenquist, 1986
27. Levinson, 1950
28. Onraet et al., 2014
29. Craig & Richeson, 2014
30. Sherif, 1966
31. 引自 Aron & Aron, 1989, p.131
32. Perry, 2014
33. Wildschut et al., 2003, 2007
34. Paluck, 2010
35. Sherif, 1966, p.85
36. Walster et al., 1978
37. Greenberg, 1986; Messick & Sentis, 1979
38. Mikula, 1984
39. Bronfenbrener, 1961
40. Kennedy & Pronin, 2008
41. Deutsch, 1986
42. Bar-Tal, 2004, 2013; Heradstveit, 1979; Kelman, 2007
43. Kruglanski & Fishman, 2006
44. Bar-Tal, 2004, 2013
45. Stanovich et al., 2013
46. Tarrant et al., 2012
47. Zimbardo, 2004a
48. Kahneman & Renshon, 2007
49. Chambers et al., 2006
50. Sherman et al., 2003
51. Frantz, 2006
52. Waytz et al., 2014
53. White, 1996, 1998
54. Wright, 2003
55. Phillips, 2003
56. Gallup, 1972

第 8 章

1. Pettigrew & Tropp, 2008, 2011; Tropp & Pettigrew, 2005a
2. Durrheim et al., 2011; Gibson & Claassen, 2010
3. Dixon et al., 2007, 2010; Tredoux & Finchilescu, 2010
4. Collier et al., 2012; Smith et al., 2009
5. González et al., 2008
6. Bilewicz & Kogan, 2014; Crisp et al., 2011; Lemmer & Wagner, 2015
7. Vezzali et al., 2014
8. Christ et al., 2010
9. Gaither & Sommers, 2013
10. Gulker & Monteith, 2013
11. Stephan, 1988
12. Amir, 1969; Pettigrew, 1969
13. Stouffer et al., 1949
14. Deutsch & Collins, 1951
15. Pettigrew, 1986, 2004
16. Stephan, 1986
17. Pettigrew, 2004
18. Zebrowitz et al., 2008
19. Schofield, 1982, 1986
20. Dixon & Durrheim, 2003
21. Clacket al., 2005; Dixon et al., 2005a, b
22. Alexander & Tredoux, 2010
23. Dixon & Durrheim, 2003, Lancaster University.
24. Orr et al., 2012
25. Cairns & Hewstone, 2002
26. Shelton & Richeson, 2005; Vorauer, 2001, 2005

27. Al Ramiah & Hewstone, 2013; Beelmann & Heinemann, 2014
28. Hewstone et al., 2014
29. Schroeder & Risen, 2014
30. Al Ramiah & Hewstone, 2013
31. Stangor et al., 1996
32. Vollhardt, 2010
33. Brown et al., 1999; Hamberger & Hewstone, 1997; Paolini et al., 2004; Pettigrew, 1997
34. Barlow et al., 2012; Stark et al., 2013
35. Graf et al., 2014; Paolini et al., 2014
36. Pettigrew, 1988; Stephan, 1987
37. Bastian et al., 2014; Drury et al., 2009
38. Lanzetta, 1995
39. Stoverink et al., 2014
40. Dion, 1979
41. Wilder & Shapiro, 1984
42. Craig & Richeson, 2012; Martinovic & Verkuyten, 2012; Ramos et al., 2012
43. Putnam, 2000
44. Lambert et al., 2011
45. Sengupta, 2001
46. Hansel et al., 2011
47. Liehret al., 2004; Pennebaker & Lay, 2002
48. Blake & Mouton, 1979
49. Dovidio et al., 2005, 2009
50. Shermer, 2006
51. Aronson & Gonzalez, 1988; Aronson, 2004
52. Brown, S. L., Nesse, R. M., Vinokur, A. D., & Smith, D. M. (2003). Providing social support may be more beneficial than receiving it. *Psychological Science*, 14, 320-327.
53. D. W. Johnson et al., 1981; Slavin, 1990
54. McConahay, 1981
55. Brewer & Miller, 1988; Desforges et al., 1991, 1997; Deutsch, 1985, 1994
56. Yukl, 1974
57. Harinck & Van Kleef, 2012
58. Pruitt, 1998
59. Thompson et al., 1995
60. Follett, 1940
61. Pruitt & Lewis, 1975, 1977
62. Pruitt, 1986
63. Balliet & Van Lange, 2013
64. Maddux et al., 2008
65. Carnevale & Choi, 2000
66. Erickson et al., 1974; Schulz & Pruitt, 1978
67. Kelman, 1998
68. Dunn & Schweitzer, 2005
69. Tetlock, 1985
70. Yaniv, 2012
71. Batson & Moran, 1999; Galinsky & Moskowitz, 2000; Todd et al., 2011
72. Saguy & Halperin, 2014
73. Grossmann et al., 2010
74. Stillinger et al., 1991
75. Blake & Mouton, 1962, 1979; Fisher, 1994; Wehr, 1979
76. Kelman, 1997, 2010
77. McGillicuddy et al., 1987
78. Kahneman & Tversky, 1995
79. Bazerman, 1986, 1990
80. Osgood, 1962, 1980
81. Deutsch, 1993
82. Lindskold et al., 1976~1988
83. Klapwijk & VanLange, 2009; Shapiro, 2010

84. Etzioni, 1967

第 9 章

1. Cook, 2014; Pelonero, 2014
2. Darley & Latané, 1968
3. Nocera, 2012
4. Hellman, 1980; Wiesel, 1985
5. Barnes, 2008; Brown, 2008
6. AP, 2013
7. Miller & Eisenberg, 1988
8. Batson, 1991
9. Latané & Darley, 1970
10. Latané & Nida, 1981; Stalder, 2008
11. Blair et al., 2005
12. Latané & Dabbs, 1975
13. Darley & Latané, 1968.
14. Latané & Darley, 1968
15. Darley & Latané, 1968.
16. New York Times, 2010
17. Fischer et al., 2011
18. Sancton, T. (1997, October 13). The dossier on Diana's crash. Time, pp. 50-56.
19. Darley & Latané, 1968
20. Schwartz & Gottlieb, 1981
21. Miller, 2011
22. Beaman et al., 1978

参考文献

AAAS. (2014). *What we know: The reality, risks and response to climate change.* Washington, DC: The American Association for the Advancement of Science Climate Science Panel.

AAMC: American Association of Medical Colleges. (2014). Medical students, selected years, 1965–2014.

ABA: American Bar Association. (2014). A current glance at women in the law.

Abelson, R. P., Kinder, D. R., Peters, M. D., & Fiske, S. T. (1982). Affective and semantic components in political person perception. *Journal of Personality and Social Psychology, 42,* 619–630.

Abrams, D., Wetherell, M., Cochrane, S., Hogg, M. A., & Turner, J. C. (1990). Knowing what to think by knowing who you are: Self-categorization and the nature of norm formation, conformity and group polarization. *British Journal of Social Psychology, 29,* 97–119.

Abramson, L. Y., Metalsky, G. I., & Alloy, L. B. (1989). Hopelessness depression: A theory-based subtype. *Psychological Review, 96,* 358–372.

ACHA. (2009). *American College Health Association-National College Health Assessment II: Reference group executive summary. Fall 2008.* Baltimore: Author.

Ackerman, J. M., Griskevicius, V., & Li, N. P. (2011). Let's get serious: Communicating commitment in romantic relationships. *Journal of Personality and Social Psychology, 100,* 1079–1094.

Ackermann, R., & DeRubeis, R. J. (1991). Is depressive realism real? *Clinical Psychology Review, 11,* 565–584.

Adams, G., Garcia, D. M., Purdie-Vaughns, V., & Steele, C. M. (2006). The detrimental effects of a suggestion of sexism in an instruction situation. *Journal of Experimental Social Psychology, 42,* 602–615.

Adams, J. M., & Jones, W. H. (1997). The conceptualization of marital commitment: An integrative analysis. *Journal of Personality and Social Psychology, 72,* 1177–1196.

Addis, M. E., & Mahalik, J. R. (2003). Men, masculinity, and the contexts of help seeking. *American Psychologist, 58,* 5–14.

Adler, N. E., Boyce, T., Chesney, M. A., Cohen, S., Folkman, S., Kahn, R. L., & Syme, S. L. (1993). Socioeconomic inequalities in health: No easy solution. *Journal of the American Medical Association, 269,* 3140–3145.

Adler, N. E., Boyce, T., Chesney, M. A., Cohen, S., Folkman, S., Kahn, R. L., & Syme, S. L. (1994). Socioeconomic status and health: The challenge of the gradient. *American Psychologist, 49,* 15–24.

更多参考文献请扫描二维码或登录网址 http://box.ptpress.com.cn/y/53624 下载。